図解入門
ビジネス

Shuwasystem Business Guide Book

How-nual

最新

物流

[輸送・配送
保管（入出庫）
荷役作業
梱包・包装
流通加工
情報システム] の

基本と仕組みが
よ〜くわかる本

物流の全体像から改善のノウハウまで

青木 正一
荒木 芳一 著

秀和システム

はじめに

　いま世界では、ロシアのウクライナ侵攻を機にグローバル・サプライチェーンが大きく混乱し、持続的なサプライチェーンの構築が経済戦略上の課題となっています。またコロナ禍では、サプライチェーンの寸断による経済活動の停滞と同時に、購買行動の劇的な変化により、消費財の生産から供給までの活動に大きな影響を及ぼしました。さらにさかのぼれば、東日本大震災の発生時には、緊急支援物資の輸送体制が十分に機能しなかった反省をはじめ、その後のサプライチェーンおよび物流ネットワークにも大きな被害があらわれたことは記憶に新しいところです。

　このように、ことあるごとに物流にスポットが当てられ、戦略的な物流システムとしてのロジスティクスに対し人々の関心が高まってきました。しかしながら、それ以前から「物流は経済の血流」と認識されているにもかかわらず、「物流の領域を把握しづらい」「物流を勉強したいが、どこから入ればよいかわからない」などという声をよく耳にすることがあります。

　本書はこうした社会の声に応えたもので、いまこそ改めて「物流のしくみ」をお伝えすべき時期にあると判断しました。本書にもあるように物流は仕入、営業、生産と密接に関係するだけでなく、システム、会計、貿易などとも深く関わってきます。それゆえにとらえづらいことは事実です。

　しかし、中国を中心としたアジアの国々をはじめ、ロシアやインドなどの新興国とのビジネスの広がりやサプライチェーンの見直しなど、企業活動における物流には戦略的な要素が求められ、その領域は確実に拡大しています。そうした意味で本書は、自社の物流全体像を理解し、改革などの対象領域を各社なりに定義づけするだけでも大きな収穫となり得ます。

　また最近は、「物流を制する者は業界を制する」と言われるように、物流の力が企業競争力を左右する大きなファクターとして認知されるようになりました。そうした物流の大切さをより深くご理解いただくために、本書の前半では、「物流とはどのようなものなのか」という基礎的なものから、特徴、構造、企業活動の回りにある物流に至るまでさまざまな視点で伝えています。次いで中盤からは物流改革や改善におけるノウハウや事例を中心に解説し、後半部では環境、情報、グローバル化など、物流が今後注力していかなければならないテーマに触れています。

　本書は全12章にわたり、物流現場での実務改善におけるトライ＆エラーなどを解説していますが、物流業界の従事者に限らず、むしろこれから物流に携わる方々の入門書として役立てば幸いです。また、本書は専門書ではなくあくまでもビジネス書と位置づけており、それは物流の改革、改善が経営のテコ入れや支援に有効と考えるからです。本書が物流に関わるより多くの皆様の一助となれば至福の想いであります。

2023年7月　　　　　　　　　　　　　　　　　　　青木 正一・荒木 芳一

図解入門ビジネス
最新 物流の基本と仕組みがよ〜くわかる本

CONTENTS

第8章 環境問題と物流

第9章 物流は情報システムで進化する

第10章 グローバル化で変わる物流

第11章 物流DX（デジタル・トランスフォーメーション）

第12章 近未来のロジスティクス

社会インフラ
としての物流

　物流は私たちの生活や経済活動を支える社会インフラです。さまざまな企業の活動はもとより、日ごろ皆さんが利用しているスーパーやコンビニエンスストア、ネットショッピングなど、すべての活動が物流を基盤に機能していると言って過言ではありません。そのため、多くの人が「物流を制する者は業界を制する」と語るように、「強い物流をつくると企業体質が強くなる」のは紛れもない事実です。

　なぜなら、モノの動きの最終工程である物流を見直すことにより、前工程にある生産や購買、営業等の部門にまで改善・改革のメスを入ることができ、それがひいては全体最適化へとつながるからです。

　本章では、最初にロジスティクスのルーツをお伝えし、商流や私たちの生活の中での物流の機能および役割について解説します。

1-1

ロジスティクスのルーツ

「ロジスティクス」という言葉は本来、「兵站（へいたん）」という軍事用語に由来し、武器、食糧、医療などの物資を戦地に供給することを意味します。ロジスティクスに関しては、欧米の研究が日本よりも10年進んでいると言われています。

まずはロジスティクスありき

多くの日本企業では**ロジスティクス**の明確な概念が浸透していないようで、製造や販売等の活動よりも重要性の優先順位が低く位置づけられている状況を目にします。これは日本の国土が狭く、また島国であるということや、専門的な教育体系がつくられていないことなどに起因しています。一方、欧米では多くの戦争の歴史から危機管理のノウハウ、大陸間でのモノの移動の必要に迫られた歴史・環境等を背景に、ロジスティクスが進化してきました。

日本の企業では、外食や小売業の店舗数が100店舗くらいになった時点でロジスティクスセンターを開発しますが、欧米では最初にロジスティクスセンターを開発し、その後に出店するパターンが主流となっています。欧米の企業活動では、まずはロジスティクスありきなのです。

物流とロジスティクスは同じではない

現状、日本の企業活動では物流と**ロジスティクス**が同義語のように使われています。物流を詳細に見ていくにはこれら2つの言葉を分ける必要があります。

物流とは輸配送、保管、**在庫管理**、**検品**、**梱包**、**返品**など、受注に対して行う業務を意味します。これに対してロジスティクスは、物流よりも対象が広がり、**情報システム**や物流の各業務の計画、管理、そして製造、購買、販売などと密接に連動した活動です。物流はその現場の業務や組織を見ることで遂行されますが、ロジスティクスは企業活動全体の商取引の流れ、モノの流れ、情報・伝票類の流れの把握や関係部署の活動、業務内容を含めた形で形成されます。最近では、日本でもロジスティクスの上位概念である**サプライチェーン・マネジメント**について語られることが多くなりました。

ロジスティクス・物流の概念図

SCM
（サプライ・チェーン・マネジメント）

EDIと統合データベースによる情報の共有化

ロジスティクス

| 販売・製造・調達の統合
（顧客本位の考え方） | 営業支援 | 情報システム設計 |

物　流

受注（処理）	返品対応	
物流情報 処理	在庫管理	生産、営業 人員などに よる物流 業務
輸配送	安全管理	
配車	ピッキング	物流コスト の管理
保管	梱包	
	検品	

「ロジスティクス」と「戦略物流」についてもよく混同されることがあります。ロジスティクスとは、原材料の調達から完成品の配送、販売に至るまでの流れを効率的にするための仕組みです。これに対し戦略物流は、調達から販売までのビジネスプロセスに左右されず、経営戦略の一部として物流に関する方針や計画を立てようとする考え方です。

1-2
輸送方法のあれこれ

モノの輸送方法には大きく分けて3種類あります。国内の約7割以上を占める陸送、そして海運、空輸です。国内輸送では陸送が中心ですが、輸出入の際の輸送方法は海運と空輸が担っています。

▶ 輸送方法の種類

陸送ではトラック輸送と鉄道輸送があり、**CO₂排出量削減**などの**環境問題**の取り組みの中で鉄道輸送への需要が期待されています。海運ではコンテナ船、RORO船、タンカー船など積載するモノの形状によって使い分けされています。また、空輸では貨物専用機と一般旅客機への合い積みがあります。企業はコストと**リードタイム**から輸送手段を決めていますが、実際には、輸送方法の見直しや組み合わせによる**モーダルシフト**※によって**コストダウン**を図っています。

近年は温暖化対策によるCO₂排出量削減の問題が加わり、自動車メーカーや路線会社など大手企業の一部は鉄道輸送へのシフトを進めており、今後も利用の拡大が予想されます。さらに近年の陸送では、主に首都圏でオートバイや自転車による輸送も行われています。

▶ 輸送方法それぞれの特徴

陸送でのトラック輸送の特徴として、物流事業者数の多さから会社選択の幅があること、さらに、輸送の発着時間に制限がなく早朝・深夜配送が実現できたり、物量に応じた車両サイズを設定できたりする利点がありますが、CO₂の排出量が多いという問題もあります。

海運は空輸に比べ安価で運べますが、**リードタイム**が長くかかります。そのため在庫余力のある場合や陸運や空輸では運ぶことのできない重量物、もしくは中古車の輸出など海外に大量にモノを運ぶときに活用されます。

空輸は海運とは違いコスト高にはなりますが、リードタイムが短く、流通在庫を持たなくてもよいという利点があります。商品価格で**輸送コスト**を吸収できる高級ブランド品や精密部品、売れる時期が限られるアパレル商品などの輸送に使用さ

※ **モーダルシフト** トラック等の自動車で行われている貨物輸送を環境負荷の小さい鉄道や船舶の利用へと転換すること。

れています。一方で空港での発着便数制限や天候の影響を受けやすいというデメリットもあります。

輸送方法の種類

陸送　特徴… フレキシブルな対応／国内輸送の主役

| トラック | 鉄　道 | バイク |
| | | 自転車 |

海運　特徴… コスト安／リードタイム長

コンテナ　　RORO　　タンカー　カーフェリー

空輸　特徴… コスト高／リードタイム短

| 貨物専用機 | 一般旅客機 |

1-3
製造業の物流

「モノづくり」を主体とするメーカーの物流は、自ら生産した製品および商品を、顧客が必要とする場所にいかに早く直送できるかが、コストダウンとリードタイムを左右するポイントとなります。

▶ 直送化をどこまで実現できるかがポイント

安価な**人件費**を求めて海外に生産拠点を持つメーカーが多くありますが、これを国内市場に供給するとなると、**輸送コスト**がかさみますし**リードタイム**もかかります。また在庫拠点を設けることで、リードタイムを短縮することができますが、在庫量を増やすことはお金を寝かせることと同じですし、在庫用の倉庫を用意することで、賃借料や保管費、作業費などのコストも必要となります。

こうした問題から「できるだけ運ばない物流」という発想が広がっています。これは長い距離を輸送せず、極力近い供給拠点から納品先に輸配送することでコストを抑える考え方であり、食品や原料など単価の低い製品をつくるメーカーでは、地産地消の考えのもと需要のあるエリア周辺に生産拠点を設けていることで配送費の増加を防いでいます。

▶ 在庫負担によるメーカー物流の課題

在庫を持つことは、企業の資金力を圧迫する要素となります。資金を寝かしてしまう、売れ残りリスクが発生するなどの理由により、在庫をできるだけ持たないように努めています。

したがってメーカーとしては、売れる商品を売れる数だけ生産したいところですが、市場の需要を満たすには、卸や小売からの注文に応えられるだけの在庫を持たなければなりません。そのため、小口・緊急出荷の対応、**需要予測**にもとづいた**適正在庫**の設定などに注力し、在庫を持たない卸、小売業への対応に負荷がかかっているのが実状です。

また複数の工場を持つメーカー企業では、輸配送の配車業務をそれぞれの工場で行う場合が多く、トラックの積載率の面でもムダが発生しています。

メーカー物流は直送化の推進がポイント

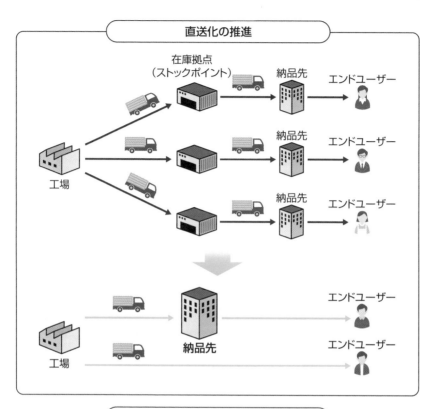

直送化の推進

在庫拠点
（ストックポイント）　納品先　エンドユーザー

工場

納品先　エンドユーザー

納品先　エンドユーザー

工場　納品先　エンドユーザー

エンドユーザー

直送化の推進により

- 配送コストのダウン
- リードタイムの短縮　　を実現!!

一方、メーカーでは‥‥

- 小口出荷、緊急出荷の対応
- どれだけつくれば良いだろう、
  どれだけの在庫を持っておけば良いだろう!?

 需要予測の精度が
重要となる

1-4
卸売業の物流

流通コストの削減を図るため、メーカーと小売業者が卸売業者を通さずに商品の取引を行ういわゆる「中抜き」が進んでいます。その対策として多くの卸売業者では、物流強化による付加価値アップに努めています。

▶ 物流に象徴される卸売業者の存在意義

メーカーと小売業の中間に立つ卸売業者の機能としては、①ロット調整（小分け）、②品ぞろえ、③ファイナンス（決済）、④リテールサポート[*]、⑤物流などがあります。このうち卸売業者の存在意義が最も発揮されるのが物流であり、当日受注や当日納品、緊急出荷など限られた時間での配送業務をはじめ、納品先での**先入れ先出し**を含めた陳列業務、納品先の**在庫管理**、食品業界での早朝、夜間納品など、付加価値の高い物流を提供しています。

しかも、取り扱いアイテム数の拡大に対応するには、物流センターでの入出庫・在庫・**ロケーション管理**などにもより高度な能力が求められます。粗利率の低い卸売業者としては、在庫をできるだけ多く回転させ、**棚卸**の回数と精度を高めながら**在庫差異**をいかになくすかが生命線となっています。

▶ 納品だけでは生き残れない時代に

物流で付加価値を高めようとする卸売業者にとって、いまや在庫や納品を主体とした物流だけでは生き残れない時代となってきました。業種、業界によってはキャッシュ＆キャリーや、ユーザー自らが商品を受け取りに来る引き取りサービスへの対応も必要となっています。

また、仕入先が比較的近隣にある場合は、納品後の空き車両を有効利用して、卸売業者自ら商品を引き取りに行き、その分の運賃を差し引いた価格で仕入を行う**調達物流**の内製化も行われています。

さらに、卸売業者が業務拡張で納品先エリアが広がった場合、結果的に非効率な配送・納品となることがありますが、同業者同士が共同配送でお互いに補完しあう関係から、M&Aへと発展するケースも見受けられます。

＊**リテールサポート**　メーカーや卸売業者が自社の商品を販売するため、取引先の小売業者に対して経営的な支援活動を行うこと。

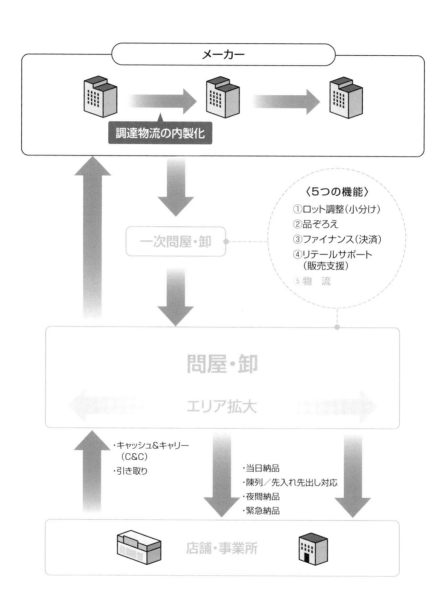

卸売業者の物流

メーカー

調達物流の内製化

一次問屋・卸

〈5つの機能〉
①ロット調整（小分け）
②品ぞろえ
③ファイナンス（決済）
④リテールサポート
　（販売支援）
5 物　流

問屋・卸

エリア拡大

・キャッシュ&キャリー
　（C&C）
・引き取り

・当日納品
・陳列／先入れ先出し対応
・夜間納品
・緊急納品

店舗・事業所

1-5
小売業の物流

小売業の物流は、展開する店舗数によって大きな違いがあります。店舗数が少ない場合は、卸売事業者の物流を使って納品してもらうケースが大半ですが、店舗数の拡大に伴い自社物流へと移行します。

▶ 卸物流か、自社物流か

物流センターの運営による自社物流に切り替えるのは、ドミナントの食品スーパーの場合は約30店舗、外食チェーンでは約50店舗クラスがおおよその目安となります。ただし、すべての商品・商材をセンターで取りそろえるわけではなく、仕入先との力関係、コスト、鮮度維持、商品の容積、重さなどにより、アイテムを選定します。

また、大手小売業ではできるだけ**在庫**を持たず、なおかつ**欠品**を起こさない取り組みとして、大手卸が小売の物流センターを委託運営することがあります。ここでは、メーカーから納入される商品のロットと頻度管理、適正な**在庫管理**、**自動補充**をベースとした納品業務を行います。

なお納品時には、**ノー検品**、**カテゴリー別納品**、納品ドライバーによる陳列など、店舗側の負荷を軽減するサービスも提供されています。

▶ 物流センターは利益の源泉

自社の物流センターを持つ小売・外食チェーンでは、納入先に対して**センターフィー**という物流業務委託費を徴収します。これは商品カテゴリーごとに設定され、仕入価格の何%という算式となっています（74、106ページ参照）。

消費低迷から苦戦を強いられている小売・外食業界は、物流センターの運営ノウハウの向上により、利益の最大化を目標とする物流センター、すなわち**プロフィットセンター** *として機能させています。これに伴い、物流センターを通過するアイテムの拡大を図り、数々のプライベートブランド商品を開発したり、いままでは困難だった農産物を市場から直納したりすることで、センターフィーによる収益を拡大しています。

＊**プロフィットセンター**　利益を生まずコスト軽減を目的とするコストセンターに対し、利益を生み出すための施設として運営される物流センターのこと。

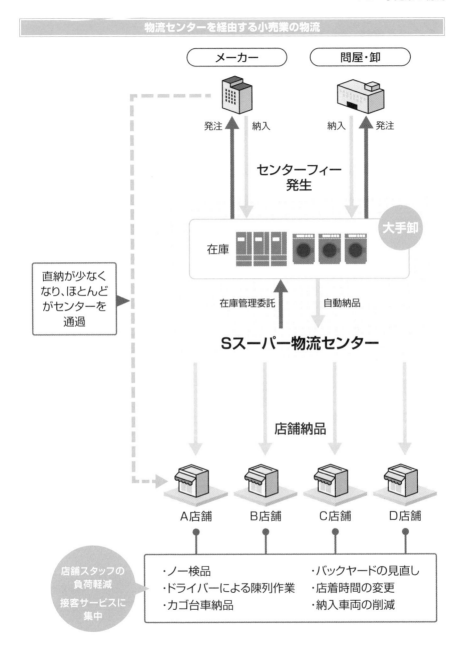

物流センターを経由する小売業の物流

1-6
カタログ通販の物流

近年はネット通販に押され気味のカタログ通販。しかしながら、個人向け、業務向けに特化して構築してきた固有のビジネスモデルは大きな強みであり、高度な物流のノウハウなしに語ることはできません。

▶ 物流を売りモノとするカタログ通販ビジネス

食品スーパーの取り扱い品目が1万品目前後なのに対し、業務用**カタログ通販**は約4万品目と言われています。これほどの膨大な数の商品を扱うカタログ通販の物流では、単品管理はもちろん、死に筋商品の廃除、**欠品**の防止、在庫量・**発注点**の決定、**循環棚卸**[*]による**在庫差異**の削減などに注力しています。

さらに、受注処理、在庫引当て、発注業務、出荷指示、顧客管理といった一連の流れは、**ERP**[*]で統合管理されています。加えて、多品種小ロット対応の入出庫業務、**在庫管理**、輸配送管理など高水準の仕組みが構築されていますので、カタログ通販ビジネスは、まさしく物流こそが売りモノと言えるでしょう。

▶ 出荷精度とリードタイム短縮でビジネスの成否が決まる

カタログ通販は他業界のように直送化による**リードタイム**の短縮を図ることができません。それは、基本的に1つの注文に対して1回の納品が前提となるため、すべての商品が物流センターに集約され、1件の注文分で商品がまとめられ出荷されているからです。したがって、「注文どおりの商品を指定日に届ける」ことがカタログ通販のサービス評価の基準となっています。

これに対し物流現場では、商品保管の見直し、棚番地の明確化、**検品の強化**、デジタルピッキングシステムの導入など、受注から出荷指示、そして発送までの業務のスピード化と品質の向上に躍起になっています。

なお、業務向けカタログ通販では、発注から納品までのリードタイムを重視するユーザーが多いため、配送インフラの構築にも力を入れています。午前中にすべての顧客に納品できる体制づくりや大量消費地近隣への物流センターの増設などがこれにあたります。

※**循環棚卸**　すべての在庫を一度に調べる方法ではなく、在庫の種類や場所、作業する日を分けて棚卸する方法。
※**ERP**　Enterprise Resources Planningの略。企業経営の資源要素（ヒト・モノ・カネ・情報）を適切に分配し有効活用する考え方で、一般的には「基幹系情報システム」を指す。

高水準なカタログ通販の物流

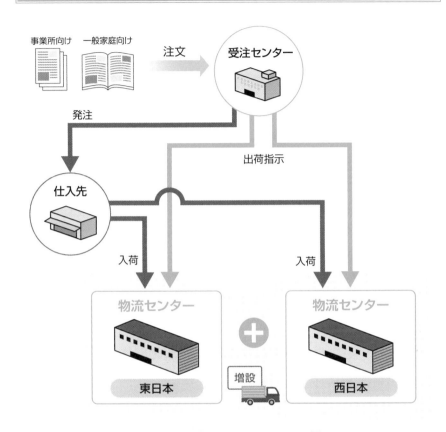

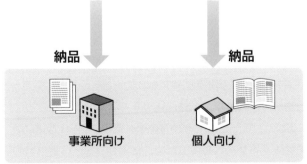

1-7
ネットショッピングの物流

スマホ1つで商品の注文から決済までを完結できるネットショッピングは、この20年ほどで急速な成長を遂げてきました。「物流を商品とする」点ではカタログ通販と共通しており、独自の工夫が展開されています。

▶ ネットショッピングの特徴

ネットショッピングと従来のカタログ通販の大きな違いは、商品の受注方法にあります。カタログ通販は購入用紙の郵送もしくはFAX、インターネットでの発注に対し、ネットショッピングはインターネットのみとなっています。受注業務の効率化が物流スペックの大半を決定することから、受注方法か1つに絞られているネットショッピングは、手間=コストと人的ミスを抑えられる点が大きな強みとなります。

さらに、商品メニューの作成、決済システム、在庫管理、発注システム、顧客管理など、情報システムにおけるイニシャルコストや、次々と提供されるサービスのランニングコストについても、システムの投資効果が大きいと言えます。

▶ ネットショッピングとカタログ通販の物流の共通点

ネットショッピングとカタログ通販では共通点もあります。いずれも定番品の概念が強くないため、安価な時期に仕入を行うか、大量購入やメーカーの在庫処分品により仕入コストを抑え、欠品になった場合、代替品を投入するケースがよく見られます。

これが物流面では、商品マスターや棚番号、保管ロケーションの変更につながり、効率的な運営が難しくなるため、仮の保管棚や二重保管による運営を強いられることとなります。

もう1つの共通点は、物流センターの立地です。本来、緊急トラブルの対応のために本社もしくは営業が、45分〜60分で到着できるところに位置する場合が多くありますが、システムによる遠隔管理を重点に置いていること、またはコールセンターを併設するケースも多いため、物流センターは貸借料の安い郊外に置く傾向が見られます。

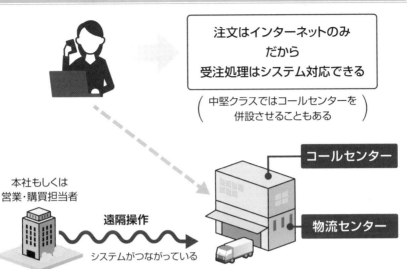

物流が商品となるネットショッピング

注文はインターネットのみ
だから
受注処理はシステム対応できる

（ 中堅クラスではコールセンターを
併設させることもある ）

本社もしくは
営業・購買担当者

遠隔操作

システムがつながっている

コールセンター

物流センター

日通　　ヤマト　　佐川　　西濃　　福通　　他

宅配便が強力な配送インフラになっている

アマゾンは自前の宅配ネットワークを構築

▼

デリバリープロバイダ（配送業者Amazon）

アマゾンは地域限定の配送業者9社と提携することで宅配の充実を推進。

- 株式会社T.M.G
- SBS即配サポート株式会社
- 札幌通運株式会社
- 株式会社丸和運輸機関
- 株式会社若葉ネットワーク
- 株式会社ギオンデリバリーサービス
- ヒップスタイル株式会社
- 遠州トラック株式会社
- 株式会社ロジネットジャパン西日本

1-8
医療、災害、行政の物流

医療機関や災害発生時の物流は、人命を最優先に考えたものでなくてはなりません。また行政の物流では、セキュリティや確実性を第一としています。一般的な商流とは異なる性質を持つ、これらの物流について考察します。

▶ 医療と災害対応は品質とスピードが至上命題

医療機関に医薬品を供給する医薬品業界の物流センターでは、管理薬剤師による**品質管理**が義務づけられています。

さらに保管、輸送業務では、**温度管理**による品質維持を必要とする医薬品も多く、毒物、劇物、危険物などの取扱いについては届出が必要となっています。なお、病院で使用する医薬品は、その**在庫管理**や**補充**を専門の医薬品卸が行うケースが多く見られます。

陸路が遮断されるほどの大規模災害が発生した場合、緊急物資の輸送には、自衛隊による空輸が有効な手段となります。その際、指定されている緊急物資備蓄倉庫から近くのヘリポートにトラックで運ばれ、そこから被災地に向けてヘリコプターで輸送されます。しかしヘリコプターに頼った物資輸送では、発着拠点の確保に加え、大量輸送が困難という課題も残されています。

▶ 行政の物流は主に「紙の物流」

行政や官公庁でもペーパーレス化に取り組む昨今ですが、その業務体系は依然「紙」を中心としたものです。各種書類の印刷から保管、出先機関への配送、期限切れの書類保管、回収などの物流業務が発生しています。

行政の紙の物流では、個人情報などの機密書類を扱うことが多いため、保管、配送時の**セキュリティ**管理に重点が置かれており、信頼と実績のある物流会社に業務が委託されています。その取り扱い現場では、指紋認証による入退出管理や専用エレベーターの使用などにより、情報の漏洩を防ぐ工夫が導入されています。しかしながら、出先機関では廃棄帳票類を管理する業務も発生するため、保管・処分などでムダなコストをかけているのも実情です。

品質とスピードが問われる医療、災害、行政の物流

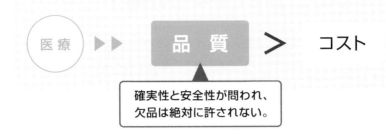

医療 ▶▶ **品　質** > コスト

確実性と安全性が問われ、
欠品は絶対に許されない。

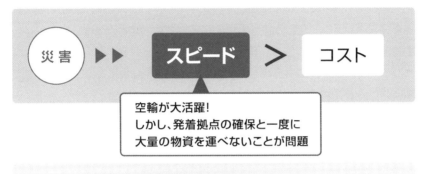

災害 ▶▶ **スピード** > コスト

空輸が大活躍！
しかし、発着拠点の確保と一度に
大量の物資を運べないことが問題

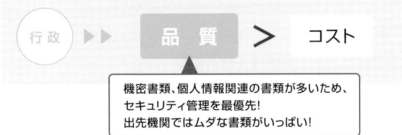

行政 ▶▶ **品　質** > コスト

機密書類、個人情報関連の書類が多いため、
セキュリティ管理を最優先！
出先機関ではムダな書類がいっぱい！

コストは二の次！

1-9
少子高齢化時代の物流

少子高齢化を背景に将来的な労働人口の減少が叫ばれています。過酷な労働環境となる物流現場においては、パート・アルバイトの確保はもとより、現場管理者の人材不足が深刻化しつつあります。

▶ 物流現場では人材不足が慢性化している

物流現場の人材不足という問題が顕在化する中、1人の現場管理者が複数の事業拠点のマネジメントを行う状況が生まれています。現場管理者についてはアジアの有能な人材を現場管理者に登用するケースも見られますが、このような事例はまだごく少数の企業に限られています。また現場労働者については、外国人の長期就労が日本では認められておらず、必要数のパート・アルバイト、派遣スタッフを何とかかき集める対応となっています。

もはや物流現場の労働者不足は慢性化しており、その対策として一部の物流業務を海外にシフトする動きも出ています。たとえば、仕分け、**流通加工**※、**検品**など人手を要する物流付帯業務を東南アジアで行い、輸入後は納品先に向け出荷する事例があります。

▶ 物流業界における外国籍人材の採用

新たな労働力確保の手段として、外国人研修・技能実習制度※が注目されています。令和3年末時点での外国人技能実習生の数は276,123人とされ、物流業界でも実習生を受け入れている企業があるようです。しかしながらこの制度は、あくまでも途上国の人材育成や国際貢献を目的としたもので、労働力確保のための制度ではありません。

したがって、外国籍労働者の雇用解禁の声は強く、今後、現在の規制が緩和されたならば、物流現場のグローバル化が急速に進展するでしょう。その場合、多様な人材の活躍や定着率アップを図るため、今まで以上に職場環境の改善が求められますし、ひいては物流現場における**働き方改革**の大きな推進力にもなり得ると期待されています。

※**流通加工**　商品に付加価値をつけるために行われる一連の加工作業のこと。値札付け、詰め合わせ、景品付け、
　　　　カッティング等がある。
※**外国人研修・技能実習制度**　平成22年7月1日の外国人研修・技能実習制度の改正に伴い、外国人研修生が従事
　　　　できる活動が限定されるとともに、在留資格の「技能実習」が創設された。

物流現場の人手不足を補う動き

> 物流現場への外国籍人材
> の雇用解禁の要請が
> 高まっている

中国

国内では
人材、人手不足が
慢性化しつつある

東南アジア

> 流通加工などの付帯業務と
> 一部の検品業務などは
> 東南アジアへシフト

> パート、アルバイト、
> 高齢者、外国籍人材
> など、多様性に対応
> した職場環境づくり

- 空調・照明設備
- マテハン導入
- 送迎バス
- 託児所の併設

働き方改革の推進

1-10
ネット通販業界を支える宅配会社

ネット通販市場の急速な成長とともに、ラストワンマイル*を担う宅配需要が大きく拡大しました。言い換えれば、宅配会社が提供する物流インフラによって、ネット通販業界のビジネスモデルが支えられていると言えるでしょう。

多機能化する宅配会社のサービス

さまざまな物販会社の**EC**化率の拡大に伴い、ネット通販会社は顧客に提供するサービスも多様化してきました。これに対応できない宅配会社は、「指定」から外されてしまうため、カードによるクレジット決済や商品の代金引換、**返品の回収**などにも対応するようになりました。さらには日曜祝日の配達やお届けの時間帯指定はもはや当り前のサービスとなり、現場で対応するドライバーの業務も多岐にわたっています。

こうした状況から、宅配事業ではいかに荷主が要求するサービスに対応しながら収益を確保するかが大きな課題となります。これについては、クレジット決済や代金回収のサービスにおいて、その代金の数％を別途売上として得る契約となっています。また、配達先がまとまらない過疎地や郊外での配達については、協力会社に業務を委託し、1個もしくは1件につき数100円という変動費型の料金体系を適用することで固定費の削減に努めています。

荷の確保と効率化が宅配会社の課題

個人向け**EC**貨物量が爆発的に増大したことで、一時、**ラストワンマイル**の配送業務がパンクする事態が起こりました。「もうこれ以上運べない」とドライバーから悲痛な声があがったほどです。しかしながら、貨物の取扱量を増やさないことには収益の確保は望めません。そのため、個人向け宅配はコンビニの店舗を荷の受付場として活用されてきました。

これと同様に、ビジネスユースでの荷物の獲得に注力する取り組みも見られます。会社の事業所が密集するエリアでは、ショップ型取次所の設置により顧客の利便性を高めることで、荷の確保と効率化を両立しています。

---

*ラストワンマイル　物流の最終拠点からエンドユーザーへの物流サービスのこと。「1マイル」は距離的な意味ではなく、商品を届ける物流の最後の区間を意味する。

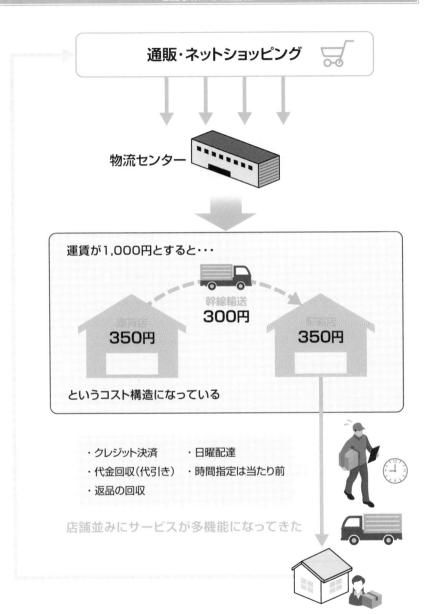

宅配事業の多機能化

通販・ネットショッピング

物流センター

運賃が1,000円とすると・・・

幹線輸送
300円

宅配便
350円

宅配便
350円

というコスト構造になっている

・クレジット決済　　・日曜配達
・代金回収（代引き）　・時間指定は当たり前
・返品の回収

店舗並みにサービスが多機能になってきた

1-11
派遣スタッフで物流波動を吸収する

物流コストを上げる要素に物量の波動があります。繁忙期と閑散期では波動が約4倍もの差になると言われますが、1年を通じてバランスの良い人員・車両計画を組むことは至難の業です。その助けとなるのが派遣スタッフです。

▶ 採用力を派遣スタッフでカバーする

パート・アルバイトの戦力化は**コストダウン**に効果的ですが、派遣スタッフの導入はかならずしもコストダウンに直結するものではありません。しかし、大型物流センターの立ち上げやパート・アルバイトの採用環境が厳しい地域では、派遣スタッフの導入によって不足人員を補う対応がとられています。景気の変動により雇用環境は大きく変わってきますが、いざというときの「貴重な人手」として、派遣スタッフは物流現場の運営に不可欠な労働力とされています。

ただし派遣スタッフについては、時間給設定のために**生産性**の向上に限界があることや、ようやく仕事に慣れた派遣スタッフが他の現場に移ってしまうなど、導入する側の不安と課題が残されているのも実情です。

▶ 日雇い派遣禁止で大きな影響を受ける物流センター

平成24年10月の労働者派遣法※が改正され、日雇い派遣が原則禁止となりました。「日雇い派遣」とは、1日〜数日間だけ仕事を手伝う働き方で、**物流センター**の派遣スタッフの多くがこれに該当します。しかし、物流の波動を吸収する臨時労働力の採用が全面禁止となれば、物流センターの運営会社や**流通加工**を行う物流会社は大きなダメージを受けることとなります。

法改正の対応策として、パート・アルバイトの募集エリアの拡大を検討する会社もありますが、この場合、送迎バスの導入や多額の通勤費などのコスト増を念頭に置く必要があります。

また、受け入れのための教育制度や労務管理など、自社の体制を整える必要もあることから、その手間と時間を惜しむ会社もあるようです。

※**労働者派遣法** 労働者派遣事業の適正な運営の確保及び派遣労働者の保護等に関する法律。同法の改正では、雇用の安定化と労働災害発生防止の観点から、雇用期間が30日以内の日雇い派遣が原則禁止となった。

第1章 社会インフラとしての物流

物流業務の波動と派遣スタッフの導入

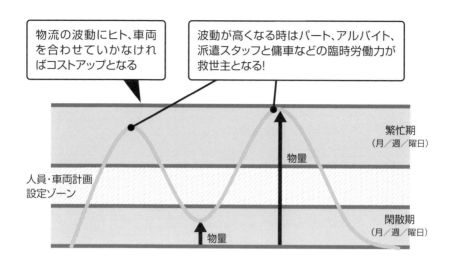

物流の波動にヒト、車両を合わせていかなければコストアップとなる

波動が高くなる時はパート、アルバイト、派遣スタッフと傭車などの臨時労働力が救世主となる!

繁忙期（月／週／曜日）

物量

人員・車両計画設定ゾーン

閑散期（月／週／曜日）

物量

多重化する物流現場の労働構造

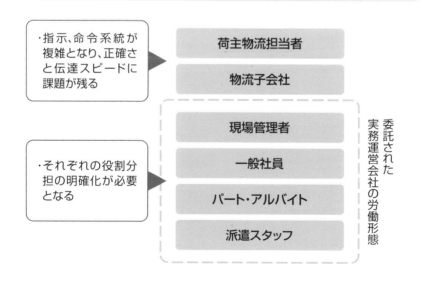

・指示、命令系統が複雑となり、正確さと伝達スピードに課題が残る

荷主物流担当者

物流子会社

現場管理者

一般社員

パート・アルバイト

派遣スタッフ

委託された実務運営会社の労働形態

・それぞれの役割分担の明確化が必要となる

MEMO

第 2 章

物流の役割と範囲

　「物流」という言葉を誰でも一度は耳にしたことがあると思います。しかし、物流がどのような領域や活動を示すのか、きちんと説明できる人は少ないでしょう。物流のスタート地点は受注であり、ゴールは納品です。この流れの間でさまざまなことが行われ、まさしく「縁の下の力持ち」として私たちの生活や産業活動を支えてくれているのです。

　特に企業活動における物流については、その重要性を理解することで、管理すべきポイントや戦略の進め方が明確となります。

　そこで本章では、企業における物流の役割と範囲、物流が企業力に及ぼす影響等を理解していただくために、仕入れや販売、返品といった各工程が担う意義を解説します。

企業における物流の役割

物流とは、発注したモノや商品がエンドユーザーもしくは消費者に届けられるまでの過程を指します。仕入、製造から営業、販売活動までのプロセスを効率的につなぎ、全ての部門の後方支援を行うことが物流の大きな役割です。

▶ 当たり前のことを当たり前にする力

物流は商品開発や営業部門のような表に出る花形業務ではありません。しかし、どんなに素晴らしい商品を開発しても、顧客からどれだけ多くの受注をもらっても、最終的にその製品が届かなければビジネスは成立しません。それも必要な時間に、必要な数だけ、必要な場所に届けられなければ、顧客から代金を支払ってもらえなくなります。「注文どおりに商品が届いて当たり前」と思う人も多いでしょうが、実はものすごく大変な仕事なのです。言い換えれば、この「当たり前のことを当たり前にすること」が、物流の真の役割と言えるかもしれません。

そしてもう1つ大事なのは、すべての商品価格には**物流コスト**が含まれている点です。物流の改善と工夫の繰りかえしによって、適切な価格が設定・維持されています。収益を確保することが企業活動および経営の最大の目的ですので、物流部門は営業や製造等の部門から、受注の締め時間や生産・在庫計画で無理な要求を受けた場合、毅然とモノ申す存在であることが求められます。

▶ 物流を軽んじる企業は生き残れない

物流の重要性が認識されることで、「物流を制する者は業界を制する」という思想が高まってきました。その反面、物流を重視しない企業では、せっかくの開発力、営業力の強みを台無しにしてしまっていることも事実です。物流を軽んじ、市場にマッチした物流の仕組みを構築できなかったがゆえに、撤退を迫られたFCチェーンやメーカーも多くあります。

物流の重要性を理解しながら、有効な策を下せない理由として、物流は対象領域が広く、なおかつ深いことから片手間では対処できないからです。それほど物流は専門性の高い業務と言えます。

物流は全ての部門の後方支援部隊

物流と生産、調達、営業の関係

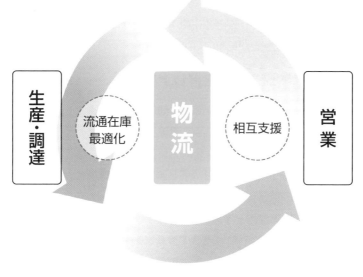

物流は後処理ではなく、後方支援部隊

物流の
役割　生産〜営業・販売活動までの各プロセスを効率的につなぐ
さまざまな支援を行う

物流部門は営業部門に対し「締切時間外の現場の残業が発生する
ため物流コストが10％上る」、さらに製造部門に対しても「A
製品は過剰生産のため在庫が20％増えている」など、他部門に
対しモノ申す立場にあります。

物流が企業の競争力を決める時代

物流の強い会社は、企業体質や業界での競争力も強いと言われています。しかし、業界トップの企業がかならずしも物流に強いとは限らないのが実情であり、その企業の物流を見れば、強みと弱みが見事にわかります。

▶ 営業力の弱さは物流コストを押し上げる

営業、生産、商品企画、財務等の企業活動において、物流と密接な関わりを持つのが営業部門です。営業部門が顧客の要望を聞きすぎるあまり、受注の締め切り時間が過ぎていても仕方なく出荷を承諾してしまうと、物流現場では**イレギュラー**な仕事が増え、1日の段取りが狂ってしまったり、作業者の残業時間が発生したり、さらには追加の納品トラックを手配しなくてはならなくなるなど、いずれも**物流コスト**を押し上げる要因となります。

そのほか、納品時間の変更や緊急出荷の依頼なども物流コストを上げてしまいます。したがって、顧客に対して「ノー」と断れない営業部門を持つ企業では、総じて物流コストが高くなっている状況がうかがえます。

▶ アマゾンの強さを反映した物流力

日本企業ではセブン‐イレブン、トヨタ自動車、花王、アメリカのウォルマート、デルなどは物流が強く、企業体質も強いといわれています。店舗展開を行う小売業やFCチェーン、外食産業なども最終的には、各店舗に商品を供給する物流力が競争力の差となってあらわれることとなります。

企業力と物流力の関係について語る場合、忘れてはならない企業が**アマゾン**です。アマゾンはネット通販会社という認識が一般的ですが、紛れもない物流会社です。「最高の顧客体験」をミッションとするアマゾンは、まず物流に力を入れ、自社の物流拠点である**フルフィルメントセンター**の展開を進めてきました。しかも「Fulfillment by Amazon」[*]というキーワードを掲げ、物流により利益を創出する**プロフィットセンター**として運営されている点にこそ、「企業力＝物流力」を実感することができます。

---

[*]**Fulfillment** 主にネット通販やテレビショッピングにおいて、注文受付から決済、在庫管理、物流（ピッキング・梱包・配送）、返品や交換対応までの一連のプロセスのこと。

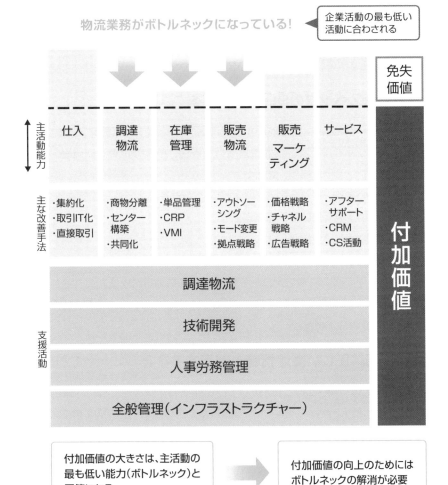

物流の強さは企業の強さ

物流業務がボトルネックになっている！　◀　企業活動の最も低い活動に合わされる

免失価値

	仕入	調達物流	在庫管理	販売物流	販売マーケティング	サービス
主活動能力						

主な改善手法

仕入	調達物流	在庫管理	販売物流	販売マーケティング	サービス
・集約化 ・取引IT化 ・直接取引	・商物分離 ・センター構築 ・共同化	・単品管理 ・CRP ・VMI	・アウトソーシング ・モード変更 ・拠点戦略	・価格戦略 ・チャネル戦略 ・広告戦略	・アフターサポート ・CRM ・CS活動

付加価値

支援活動

調達物流

技術開発

人事労務管理

全般管理（インフラストラクチャー）

付加価値の大きさは、主活動の最も低い能力（ボトルネック）と同等になる

➡ 付加価値の向上のためにはボトルネックの解消が必要

出典：M.E.ポーター「競争優位の戦略」より『価値連鎖（Value Chain）』を抜粋、一部加筆

2-3
物流スペックを左右する受注対応

物流業務で最も重要なのが、顧客への「受注対応」です。受注情報をもとに物流の工程の全てが決まるため、受注のあり方を根本から見直すことで、問題の発見や改善法を導き出す大きな手掛かりとなります。

▶ 受注で物流スペックの90%が決まる

物流業務の守備範囲は、受注対応から出荷指示、返品対応、**情報システム**の活用、伝票管理までさまざまです。物流改善を行う場合、多くの企業では現場の管理および運営方法やシステム運用、物流センターのレイアウト、業務の委託先などに問題の原因を求めます。これらの改善で物流スペックを高めることができる企業は、各部門の機能が上手く働いている証拠です。

しかし実際には、受注段階での「いつ」「どこに」「誰が・誰に」「何を」「なぜ」「どのように」「どれだけ」といった、いわゆる5W2Hの情報が曖昧であるがゆえに、後の物流の工程に悪い影響を及ぼしているケースも見られます。具体的には、納品先や納品時間の変更による誤配送、納期遅れなどがあり、受注情報の精度によって物流スペックの90%が決まると考えられます。

▶ 営業の役割は正しい受注情報を確定すること

上述したように、まずは受注業務こそが物流を動かす起点であり、顧客との取引に関わる5W2Hの情報の精度が、物流運営にも大きな影響を及ぼすことをご理解いただけると思います。このように考えると、顧客から注文を受け、その情報を物流部門に送る営業部門に問題の根源が求められます。つまり、営業部門での受注活動こそが物流の始まりと言っても過言ではありません。

そして、最適なコストと品質による物流サービスを顧客に提供するには、営業部門が顧客との交渉においていかに正しい情報を確定するかが最大のポイントとなります。顧客に「ノー」と言えず、結果的に**イレギュラー**な受注情報が送られたのでは物流運営が混乱するばかりか、そのリカバリーに対しコストアップを招いてしまいます。

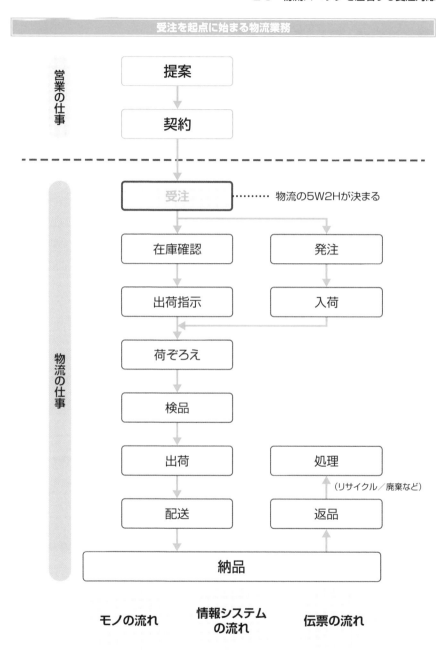

受注を起点に始まる物流業務

営業の仕事

提案
↓
契約

- -

受注 ········ 物流の5W2Hが決まる

物流の仕事

在庫確認　　　発注
↓　　　　　　↓
出荷指示　　　入荷
↓
荷ぞろえ
↓
検品
↓
出荷　　　　　処理
↓　　　　　　↑（リサイクル／廃棄など）
配送　　　　　返品
↓
納品

モノの流れ　　情報システムの流れ　　伝票の流れ

2-4
物流の見える化

物流は、企業全体の活動や経営に大きな影響を及ぼす部門です。それほど重要な役割を担う物流ですが、自社の物流の実際を把握し、生かしていない企業が多くあります。これは実に勿体のないことなのです。

▶ 「数字」と「情報」による見える化

物流は取引条件や市場環境によって常に変化しているため、何が正解なのかを予測、確定しづらい「不確かな活動」と言えます。また、営業や販売などのフロント業務ではなく、バックサポート的な業務特性を持つがゆえに、経営活動の優先順位も低くなりがちです。ですが、自社の物流のスペックや目標の達成度合いを数値によって**見える化**することで、他の部門の活動に大きく貢献し、ひいては企業力向上にもつなげることができます。

見える化のポイントとして、大きくはQUALITY（品質）、SERVICE（サービス）、COST（コスト）の3つに分類されます。品質面では**誤出荷**や**在庫差異**の割合を明確にし、サービス面では発注から納期までの**リードタイム**を把握します。コスト面では、まずは自社の**物流コスト**そのものを見える化し、売上もしくは支払いに対して物流コストがどれくらいの割合を占めるのかという点を明らかにします。さらに、作業者1人当りの出荷数量、1カ月の残業時間などがあり、これら数字による見える化を行います。これに加えて、自社物流の業務フロー図化、**在庫管理システム**と社内基幹システムとの連携を示す情報による見える化が必要です。

▶ 物流の重要度を高め、維持するには

物流を重視した企業文化を醸成するには、以下の3点が不可欠です。①経営トップが物流の重要性を理解すること、②仕入先、販売先に自社の物流ルールと取り組みを理解してもらうこと、③物流および業務実績を数値化し、社内外に向けて明示することです。さらに、物流の重要度を維持するには次の5点が必要となります。①スペシャリストの育成または採用、②**情報システム**の駆使、③数値によるベンチマーキング、④他社事例の収集、⑤継続的な改善活動です。

物流の見える化によりその重要性を維持する

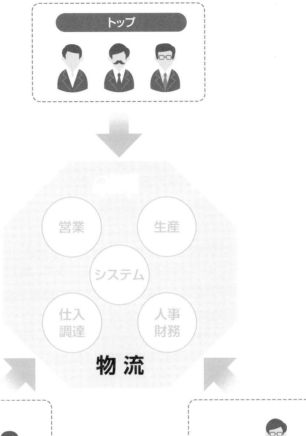

2-5
物流とサプライチェーン・マネジメント

サプライチェーンとは、原料・資材の調達から生産、販売に至るまでの一連の流れを示します。多岐にわたる工程を可視化することで、全ての業務を最適化することをサプライチェーン・マネジメントと言います。

▶ サプライチェーンは単独では成立しない

モノの動きや商流をよく観察すると、いくつもの工程や拠点を経ていることがわかります。そして最終的には、エンドユーザーにモノが届くまでの全ての工程に物流が関わるわけですが、行きの物流だけではなく、**返品**や回収という帰りの物流も発生します。また物流では、中間の工程や納品先を飛び越える**直送**も行われています。

このような物流は、仕入先や販売先との間で取り決めた**リードタイム**や納品ロット、受発注方法などを実行することで成り立っています。**サプライチェーン**においては、仕入先、販売先と生産、受注情報などを共有化し、入荷・在庫量の調整をはじめ、最適かつ効率的な物流管理を行う**サプライチェーン・マネジメント**（SCM）が展開されています。いまや大企業の多くがSCMに取り組んでおり、特に製造から物流、販売までを自社で一貫して行う**SPA**（製造小売）のビジネスモデルでは大きな成果を出しています。しかし大半の企業では、物流も含め複数の企業との利害調整が必要となるため多くの課題を抱えています。

▶ チェーン企業の利害をどこに見出すか

本来、一企業における物流は、部分最適で終わっても問題ではありませんでした。しかしSCMは、関連する企業全体の最適化を図る取り組みですので、仕入先、販売先の個々の利害やメリットが一致しなければ、SCM自体が成立しないこととなります。

したがってSCMを成立させるには、チェーン内の企業各社との十分な話しあいや調整により、まずはお互いのメリットを明確化する取り組みが必要となってきま

す。その意味でSCMは、総論賛成、各論反対となりやすいテーマと言えます。スムーズにSCMが機能する条件として、①系列企業間での取り組み、②自社に対する売上依存度の高い企業との取り組みがあげられます。

サプライチェーンの流れと最適化のポイント

商流の
視点

情報流の
視点

物流の
視点

素材メーカー

資材メーカー

部品メーカー

組立て完成メーカー

一次卸

二次卸

一次代理店

小　売

二次代理店

エンドユーザー

物流には
「行き」と「帰り」が
あり、「直送」も
発生する

2-6
仕入れ・調達物流

資材や商品の仕入れにも物流を必要とします。その場合、仕入れ先もしくは物流会社の配送・納品方法に委ねられますが、仕入れ・調達に関わる物流は、自社の経営活動にマッチした方式を採用することが肝要です。

▶ 仕入金額にも物流コストが含まれている

仕入れ・調達と言えば、トヨタ自動車の**ジャストインタイム**による方式が有名です。必要なモノを、必要なときに、必要な数だけ、必要な場所に納めてもらうことで、在庫や保管などのムダの最小化を実現しています。

ただし、仕入れ・**調達物流**において忘れてはならないことは、商品の仕入金額の中に管理費や輸送費等の物流費が含まれているという点です。同じ商品を同じ量仕入れる場合でも、納品回数を細かく分けたり、納品場所を複数指定したりした場合は、商品の単価も変わってきます。つまり、納品条件が複雑になればなるほど仕入れ・調達コストはあがります。したがって、仕入に伴う物流費を把握したい場合は、仕入れ先に対し事前に納品条件を明確に示したうえで、製品代金と運賃を分けた金額明細を出してもらいます。

▶ 仕入れ・調達方式のパターン

①納品代行型

多くの仕入れ先を持つアパレル業界では、納品にかかる時間や納入車輌を集約するため、一旦、**納品代行**の請負会社に持ち込み、そこから一括納品します。

②ミルクラン型

牛乳業者が酪農家を巡回して牛乳を集めるように、空き車輌を使用し、仕入先を回って自ら商材を引き取りにいく集荷・調達形態を**ミルクラン**といい、主に自動車部品業界で導入されています。

③自動補充型（VMI）*

自動車・機械部品、卸、小売業などで行われる方式。**欠品**や作業の停滞を防ぐため、顧客の在庫情報や出荷・販売情報をベンダーと共有し、適時適量の在庫補

＊**VMI** Vendor Managed Inventoryの略。ベンダーによる在庫管理のこと。

充に対応します。その際、工場や物流センターの近くに部材、商材の集約施設を設け、リアルタイムに納入先の在庫状況を把握しながら補充します。

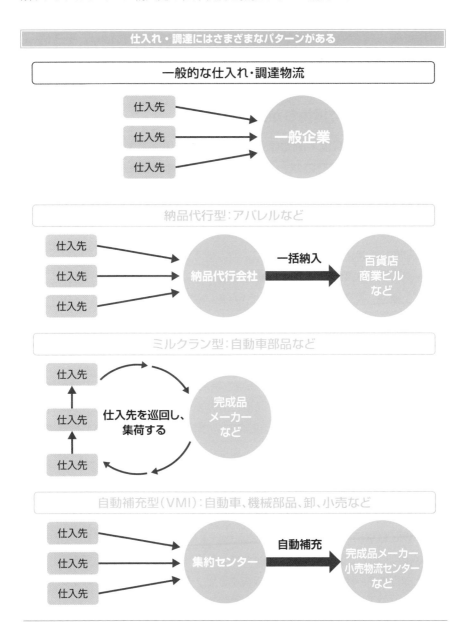

仕入れ・調達にはさまざまなパターンがある

一般的な仕入れ・調達物流

仕入先 → 一般企業
仕入先 →
仕入先 →

納品代行型：アパレルなど

仕入先 →
仕入先 → 納品代行会社 →一括納入→ 百貨店 商業ビル など
仕入先 →

ミルクラン型：自動車部品など

仕入先
仕入先　仕入先を巡回し、集荷する　完成品メーカーなど
仕入先

自動補充型（VMI）：自動車、機械部品、卸、小売など

仕入先 →
仕入先 → 集約センター →自動補充→ 完成品メーカー 小売物流センター など
仕入先 →

2-7
拠点間物流（横持ち）

社内の拠点間で製品や商材を移動する物流を「横持ち」と言います。東日本の工場から西日本の工場に部材や製品を移動させたり、物流センター間で在庫商品を輸配送させたりする物流がこれに相当します。

▶ あらゆるところで横持ちが発生している

メーカーの工場間での**横持ち**は、生産品が異なる工場同士で製品を融通しあうケースもあれば、繁忙時のキャパオーバーもしくは生産機械のトラブル発生時などに対応した他工場からの応援生産などの際に行われます。

横持ち輸送は工場間に限らず、物流センター間、店舗や事業所間でも発生します。

物流センター間での横持ちは、主に注文を受けた商品がその物流センターで在庫していない、または**欠品**などにより、他の物流センターから在庫分を送ってもらうケースがあります。これは、1つの注文分を1つにまとめる荷合わせに対応したもので、**梱包**、発送、納品の効率化が主な狙いとなります。もしくは、生産が間に合わない場合や仕入品に対しても横持ちが行われます。

店舗もしくは事業所間での横持ちは、「物流センターから製品を送ってもらうよりも、近くの店舗や事業所から取り寄せたほうが早い」といった緊急オーダーに対応するものです。しかし実際には、店舗や事業所の発注ミス、もしくは**在庫管理**の不備による欠品といった現場レベルの問題から生じることが大半です。

店舗の横持ち輸送を戦略的に活用している事例もあります。店舗や事業所に余剰の保管スペースを有し、物流センターからの納品に時間やコストがかかるような場合は、そのスペースをデポとして活用するケースです。

▶ 横持ちが物流コストを押し上げる

基本的には横持ち輸送は、生産や物流管理または在庫管理の甘さから発生することが多く、これが常態化している場合は、ムダな物流としてコストを押し上げる要因となります。輸配送ルートが1つ増えるだけでなく、納入先での積み降し、積み替えなどの**人件費**も余分にかかってしまいます。

横持ちのさまざまなパターン

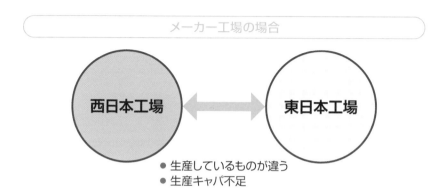

メーカー工場の場合

西日本工場 ⇔ 東日本工場

- 生産しているものが違う
- 生産キャパ不足

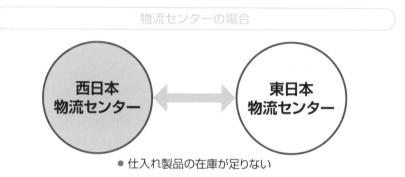

物流センターの場合

西日本物流センター ⇔ 東日本物流センター

- 仕入れ製品の在庫が足りない

店舗・事業所の場合

A店舗・事業所 ⇔ B店舗・事業所　C店舗・事業所 ⇔ D店舗・事業所

- 物流センターからの納品では間に合わない

2-8
商品が店舗の売り場に並ぶまで

小売業の店舗側でも物流が行われています。それは、入荷された商品の開梱やラベル貼り、陳列などです。ある小売業では、店舗での物流作業が全物流業務の約24%を占めているという報告もあります。

▶ 店舗・売場までの物流の流れ

店舗に商品が並ぶまでの物流には、2段階の工程があります。1段階目は、卸やメーカーの物流センターから店舗に納品されるまでの物流です。2段階目は、納品される商品を収めた段ボールや**オリコン**を店舗側が受け取り、商品を売り場に陳列するまでの物流です。前者は主に物流を委託された物流事業者が行いますが、後者は基本的に店舗スタッフが行います。しかし最近は、店舗側の負担軽減に対応するため、保管棚や冷蔵庫までの納品を物流事業者が行うバックオフィス機能が重視されるようになってきました。その際、納品に来たドライバーは、陳列のしやすさや**先入れ先出し**を考慮して作業を行います。

また、店舗に商品が届くまでには2つのパターンがあります。店舗数が少ない中小の小売業に対しては、卸や問屋自ら店舗へ商品を納品します。一方、店舗数が70店舗クラスの中堅・大手の小売業では、メーカーや卸、問屋からの商品が一旦、専用の物流センターに集約し、ここで店舗別に仕分けされ、出荷、納品されるパターンです。

▶ 店舗での物流を軽減し、販売に徹する

最近の小売業では、「店舗での物流業務を最小限にとどめ、販売に徹し、余計な人員を抱えない」という方針を強化しています。商品ラベル貼り、**検品**、**通路別納品**や**カテゴリー別納品**など、従来は店舗で行っていた作業を、前工程の物流センター側がサポートするようになってきました。

大手の**SPA**（製造小売）では、こうした店舗支援の作業を生産地の東南アジアなどの現地で行っています。すでに店別に仕分けされた状態で商品が入荷される方式を採用しており、特に出荷前の検品は、店舗での**ノー検品**に対応した画期的

な取り組みと言えるでしょう。こうした店舗向けの物流と並行し、店舗側では**オリコン**や**カゴ車**などの通い箱、廃棄段ボールなどの返品、回収といった物流作業が発生しています。

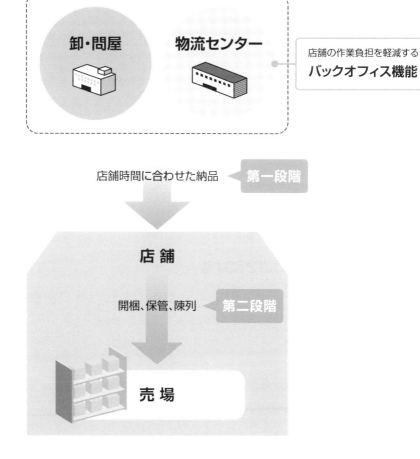

店舗・売場までの商品の流れ

卸・問屋　物流センター

店舗の作業負担を軽減する
バックオフィス機能

店舗時間に合わせた納品　◀ 第一段階

店舗

開梱、保管、陳列　第二段階

売場

2-9
返品・回収物流

　返品・回収物流は静脈物流やリバースロジスティクスと呼ばれ、文字どおり商品の返品など、消費者から生産者へと向かう物流を指します。ネット通販市場の拡大により、返品物流を重視する企業が増えてきました。

▶ 物流につきものの返品と回収

　返品に関わる物流はモノを扱う企業では常に発生しており、3つのケースが見受けられます。1つ目は発送元の理由で起こるケースで、送り先間違い、商品間違い、数量間違い、納期遅れなどがあります。2つ目は受け手である納品先で起こるケースで、キャンセル、変更、商品のクレームによる返品などがあります。3つ目は物流事業者によるケースで、納品間違い、輸送途中での破損や汚損、濡損などが主な理由となります。

　物流では、返品とよく似たモノの流れに**パレット**や**カゴ車**、**オリコン**など資材の回収があります。かつては回収後の送り先や保管方法、処分方法などのルールが曖昧で、営業担当者が引き取ってきたものを事業所に放置したままにすることもありました。しかし昨今は、**環境問題**への対応から回収ルールが定められ、物流センターに正しく戻される機構が整備されています。

▶ 返品、回収がビジネスのコアになる

　物流というと送ることを中心に考えがちですが、**返品**、回収といった「戻す物流」をビジネスモデルのコアとする企業も多くあります。衣類や自動車などの中古ビジネス、古紙や鉄製品など資源ゴミのリサイクルビジネスは返品・回収が主な物流となっています。

　また医療分野での血液検査や成分検査は、病院を回って検査物を回収し、航空便によって検査機関に送られ、分析結果をデータ送信しています。このように行きの物流と同様に帰りの物流にも大きな経済価値が生まれており、今後より一層高まるサスティナブル志向を受け、返品、回収に関わる物流がさらに進化していくと思われます。

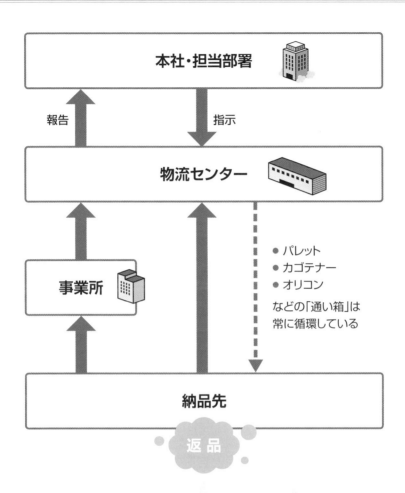

返品と回収の流れ

本社・担当部署

報告　指示

物流センター

● パレット
● カゴテナー
● オリコン

などの「通い箱」は
常に循環している

事業所

納品先

返品

発送元の理由	納品先の理由	物流事業者の理由
● 送り先／商品／ 　数量の間違い ● 納期遅れ	● キャンセル ● 変更 ● クレーム	● 納品間違い ● 破損、汚損、濡損

2-10
メーカー工場の構内物流

構内物流とは、工場の敷地内において、倉庫や製造ライン間、工程間でモノを運搬することを指します。現場でモノを効率的に運ぶことは生産管理の一環であり、工場全体の生産性向上に大きく貢献する要素です。

▶ 大規模施設内ではかならず物流が発生する

大きな工場では、さまざまなサプライヤーからありとあらゆる資材や部品が納品されます。これら資材は、1カ所の保管施設にまとめて納品・保管されることもあれば、資材別に分けられた専用棟で扱われるケースもあります。このような生産資材の入出庫管理をはじめ、資材の製造ラインまでの搬送、さらには完成品の払い出し等に関わる作業を構内物流と言います。

自動車や電機メーカーでは、必要なモノを、必要なときに、必要な数だけ、必要な場所に運ぶ、効率的なモノづくりに対応した物流が構築されています。製造ラインでは、「水すまし」と呼ばれる工場内の作業スタッフがラインのすぐそばまで必要な部品を届け、また同ラインでつくられた半完品を次の生産ラインに持って行く作業を行います。

さらに工場では**縦持ち**と呼ばれる物流もあり、施設の別階層間での大量なモノの移動にはリフトやエレベーターといった大型機材が活躍します。少量の物流では、ハンドリフトやカゴ車など人力の機材が使われることもあります。

▶ モノづくりを支える多回納品と自動補充システム

ジャストインタイムに対応した効率的なモノづくりのために、メーカーの物流では部品や資材の多回納品と**自動補充**のシステムが機能しています。その内容は、工場の半径100m以内に資材を供給する物流センターを設け、生産工程ごとの作業進捗状況をリアルタイムに把握しながら、自動補充により資材を供給する仕組みとなっています。その際、1日何十台もの搬入車両が工場と物流センター間を行き交う多回納品を行い、資材が製造ラインに届くまで、1分1秒単位の物流管理を実施しています。

大規模工場内で発生する物流

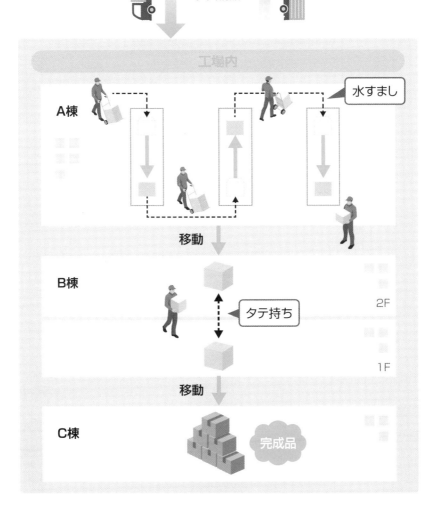

MEMO

これが物流コストだ

　モノを保管したり移動させたりする際に発生する費用の総称を「物流コスト」と言います。さらに言えば、物流そのものがコストですので、コストが発生する領域は、実に広範囲に及ぶことが想像できます。それにもかかわらず、物流を必要とする中小企業の多くは、自社のトータル物流コストの算出に未着手であるばかりか、自社の物流の全体像さえ見えていないケースが見受けられます。

　物流コストを大別すると、人件費、配送費、保管料、情報処理費、管理費などで構成されます。この中で、人件費、配送費、保管料の全体に占める割合が比較的高く、物流コストの適正化やコスト削減を進めるには、正しい算出と把握によるコストの見える化が大きなポイントとなります。

　そこで本章では、物流コストの見える化を中心に、物流コストを押し上げる三大要因（波動、ハンドリング、イレギュラー）についても解説していますので、今後の改善活動に活用していただければと思います。

3-1
支払いコストだけが物流コストではない

物流の実際を可視化する最も有効な方法に、物流コストの算出があります。ただしこの場合、運送料や保管料など社外への支払い物流コストに加え、社内で発生している物流コストを合わせて算出する必要があります。

▶ 予想外に多い社内物流コスト

支払い**物流コスト**には、運送会社に支払う輸配送費や保管倉庫の賃料などがあり、経理から見ることができます。一方、社内で発生する物流コストは、社員の**人件費**およびパート・アルバイトの臨時雇用費、緊急発注依頼に対する配送費、あるいは、製品を工場から出荷場へと運び、トラックに積み込むまでの作業費等があります。これらの数字は、携わる人員がどれだけの時間を物流業務に費やしたのかという管理（会計）による算出や按分によって明らかにできます。実際に算出してみると支払い物流コストと社内物流コストが同じくらいの割合で発生していることがわかります。

▶ 人件費の中に埋没する社内物流コスト

業務の**アウトソーシング**を強く推し進めている企業では、支払い物流コストが限りなくトータル物流コストに近づいていきます。逆に、アウトソーシングに消極的な企業では、物流に関わる業務を本来の業務の一環として慣習的に行われることが多く、これらの社員はもともと物流が専門ではないため、物流自体のスキル不足や業務生産性のムダが発生しています。

問題の本質は、いままで物流で発生していた社員の労力や時間をすべて**人件費**として捉えている点にあります。つまり、物流コストとして個別に算出しなかったゆえに、業務に関わるムダや改善ポイントに気づかなかったわけで、特に営業担当者や工場スタッフが行う物流業務、事務所での受注処理業務などが代表的な業務です。この点を理解している企業では、付帯業務として発生する物流業務を完全に切り分け、アウトソーシングすることで支払い物流コストを**見える化**しています。

物流コストの内訳

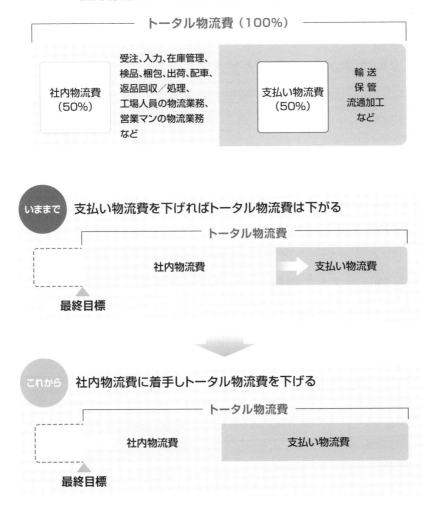

物流コストとは、支払い物流コストと
社内物流コストを合わせたトータルコストのこと

トータル物流費（100%）

社内物流費
（50%）

受注、入力、在庫管理、
検品、梱包、出荷、配車、
返品回収／処理、
工場人員の物流業務、
営業マンの物流業務
など

支払い物流費
（50%）

輸　送
保　管
流通加工
など

いままで　支払い物流費を下げればトータル物流費は下がる

トータル物流費

社内物流費　　　　　　　　　　　支払い物流費

最終目標

これから　社内物流費に着手しトータル物流費を下げる

トータル物流費

社内物流費　　　　　　　　　　　支払い物流費

最終目標

3-2
トータルコストで物流の全体像が見える

トータル物流コストを算出することによって、人件費、配送費、保管費、流通加工費、情報処理費などの金額が見えてきます。埋没した社内物流コストの見える化は、企業にとって大きな財産となります。

▶ トータル物流コストから何が見えてくるか

トータル**物流コスト**を見る際の重要なポイントとして、全てのコストに対し各項目の占める構成比をはじめ、月や季節ごとの**波動**、支払い物流コストと社内物流コストの割合などが見えてきます。

どうしてもコスト構成比が高くなる**人件費**や配送費から見直しを行い、売上（物量）が変動しても臨時雇用費が一定である場合は、人員数の見直し、勤務シフトの調整、社内物流業務の外注などにより物流コストを軽減できますし、さらには各部門の本来の業務の内容やあり方など、その企業が潜在的に抱える課題や問題点を浮き彫りにすることができます。

▶ まずは物流コストの項目をピックアップする

支払い物流コストの項目については、請求書の項目をもとに分類します。社内物流コストの**人件費**は、該当人員の人件費に対し、物流業務に従事する時間の割合を按分します。自社配送のドライバーの給料は人件費に振り分け、車両については**リース料**や**減価償却費**、**燃料費**、タイヤや油脂類等の**消耗品費**、**保険料**、**修理費**、高速道路使用料などを調べます。また自社所有の倉庫建物で、すでに償却が終わっている場合、それをほかに貸したらどれだけの賃料になるかを計算します。そのほか、通信費、システム費、伝票やラベルの印刷代、ガムテープ、段ボール代などの**資材費**も物流コストに含まれます。

これらの算出において特に抑えていただきたいポイントは、まずは概算レベルで算出し、トータル物流コストの算出表を作成してみることです。その後、経理から正確な数値をもらい細かく検証していきます。

トータル物流コストの算出例

		基礎データ 物流業務構成比	4月 物流コスト	5月	6月	7月		1月	2月	3月	合計	月平均	構成比率
①人件費	稼働人数/日												
	管理者		408	410	406	1.05		309	838	309	5,592	466	
	男子社員		434	391	328	34		339	269	344	3,901	325	
	女子社員		302	263	290	34		331	272	270	3,541	295	
	パート・アルバイト		502	452	447	4		647	551	587	6,161	513	
	小計		1,646	1,516	1,471	2,1		1,626	1,930	1,510	19,195	1,600	34.55%
②配送費	支払運賃(チャーター)							55			55	5	
	支払運賃(路線便)		204	361	401			601	771	655	6,307	526	
	支払運賃(メール)			16	23			145	160	87	582	49	
	支払運賃(立替)	加工先請求分	23	28							307	26	
	小計		227	405	424			801	931	742	7,251	604	13.05%
加工費	外注加工費(A商品)		141	300				618	544	524	3,905	325	
	外注加工費(B商品)		182	172	163			149	66	69	1,570	131	
	外注加工費(C商品)				500			322	223	145	1,612	134	
	材料費(社内)		275	310	300						3,714	310	
	材料費(社外)	梱包・包装・資材	44	14				47			119	10	
	小計		642	796	963			1,136	833	738	10,920	910	19.65%
③保管費	支払保管料		100	100	100			348	248	248	1,744	145	
	自社倉庫費		513	513	513			513	513	513	6,156	513	
	倉庫内機器費		488	488	488			488	488	488	5,856	488	
	リース料		54	54	54			54	54	54	648	54	
	在庫金利	0.15%	70	76	67			210	185	150	1,622	135	
	小計		1,225	1,231	1,222	1,		1,613	1,488	1,453	16,026	1,336	28.84%
④情報処理費	情報処理費										0	0	
	事務消耗品費										0	0	
	通信費	固定電話+PHS	21	14	14			20	19	16	221	18	
	小計		21	14	14			20	19	16	221	18	0.40%
その他	水道光熱費		103	108	77			75	103	99	1,166	97	
	その他雑費										0	0	
	廃棄物処理費		226	67		6		178		178	783	65	1.41%
	小計		329	175	77	15		253	103	277	1,949	162	9.42%
合計			4,090	4,137	4,171	4.44		5,449	5,304	4,736	55,562	4,630	100.00%
トータル物流費比率			10.4%	10.1%	11.3%	9.2		6.8%	9.2%	6.9%	8.8%	8.8%	
売上高	売上高(A商品)		30,059	27,306	24,196	31,602		26,646	31,023	34,459	336,611	28,051	
	売上高(B商品)		9,369	13,760	12,586	16,65		54,014	26,540	33,982	294,032	24,503	
	合計		39,428	41,066	36,782	48,254		80,660	57,563	68,441	630,643	52,554	
在庫高	在庫高(A商品)		39,834	41,754	35,584	30,63		106,151	93,356	75,531	766,626	63,886	
	在庫高(B商品)		6,730	8,750	9,179	24,46		33,524	29,887	24,756	314,819	26,235	
	合計		46,564	50,504	44,763	55,10		139,679	123,243	100,287	1,081,445	90,120	
在庫比率	A商品在庫/売上比			1.53	1.47	0.9		3.98	3.01	2.19	2.28	2.28	
	B商品在庫/売上比		0.72	0.64	0.73	1.		0.62	1.13	0.73	1.07	1.07	
	合計		1.18	1.23	1.22			1.21	2.14	1.47	1.79	0.15	
季節変動	A商品		1.07	0.97	0.86	1		0.95	1.11	1.23	12.00		
	B商品		0.38	0.56	0.51	0		2.20	1.08	1.39	12.00		
	合計		0.75	0.78	0.70			1.53	1.10	1.30	12.00		
								2,463	2,012	1,906	20,698		
								3.1%	3.5%	2.8%	3.3%		
								1.43	1.17	1.11	12.00		

①人件費
- 受注から配送に係わる人件費の総額
- 物流部署社員、パート、アルバイト、派遣社員 など
- 物流部署以外人員の物流業務に従事したコスト
  (例)一般女子社員Aさんは勤務時間の60％を物流業務（受注入力）に費やしている→（総支給額×0.6＝人件費）
- 営業マンの配送業務も（例）同様に物流コストに含みます

②配送費
- 支払運賃…運賃、傭車、宅配便、メール便など請求が出る運賃全て
- センターフィー…代理店等のセンターを使用した際、「使用料」など支払っている場合
- 車両費…物流業務に使用する車両などがある場合その原価償却費、リース料など
- 車両維持費…「車両費」に該当する車両における保険料・ガソリン代・タイヤ交換料等の維持費

③保管費
- 支払保管料…外部倉庫を借りている場合、倉庫料金
- 支払作業費…入庫料、出庫料、梱包料、仕分け料、流通加工など
- 梱包作業費…ダンボール、パック、テープなど梱包材に関する費用
- 倉庫内機器費…物流作業に使用するフォークリフト、パレットなどの費用

④情報処理費
- 物流情報機器費…物流業務に使用するパソコンや受注専用端末、FAXなどの月間リース料など
- 消耗品費…伝票類、文具類、トナーなどの事務処理に係わる費用
- 通信費…電話代、郵便代など
- その他（事務所費）…事務所内総人員÷月間家賃×物流業務を行う人員数にて算出

3-3
物流コストを押し上げる3大要因

物流コストを押し上げる3つの要因があります。それは「ハンドリング」「波動」「イレギュラー」の3点です。これらは物流ならではの業務特性に由来するもので、平準化によりコストを削減することができます。

▶ 物流コストを上げる3大要因

ハンドリングとは、製品などの入荷・格納、ラベル貼りや出荷仕分け、トラックへの積み込みや納品など、その製品に「触れる」作業を指します。製品に触れる回数が多ければ多いほど、人的作業が多く発生しており、その分、**人件費**が多くかかることとなります。

したがって、手間のかからない簡易梱包を用いたり、入荷時の検品を不要とする**ノー検品**のシステムを導入したりしています。また人件費については、国内よりも安価な発展途上国に物流業務を委託する企業が増えています。

▶ 波動とイレギュラー

波動は、曜日や週、月などによって変動する物量の波のことです。週末や連休に売上が増加する小売業などは木曜日、金曜日に店舗に向けた物量が増加します。

アパレル業界では、春夏物と秋冬物など、季節商品の入れ替えシーズンになると物流センターの物量が増加します。また、月末や期末などに集中する納品は、物流現場の増員やトラックの増車を必要としますので、これもコストを押し上げる要因となります。特に繁忙期には多めの人員を設定する傾向が強く、見込み違いによる余剰人員がコストアップを招いているケースも多くあります。

荷主や納品先との間で事前に取り決めているルールに対し、時間外受注や出荷、緊急出荷、キャンセル、送り先の変更などを**イレギュラー**と言います。イレギュラー業務は、作業の手間を増やすことになるばかりか、残業時間の増加や割高な緊急便を用意するなどコストアップにつながります。

以上の波動とイレギュラーの内容からもわかるように、いかに日々の業務を平準化するかが、コストを抑える最大のポイントとなります。

イレギュラー業務の要因分析フォーマット例

処理内容	要因	責任の所在	補足
欠品対応	在庫数量が合わない		棚卸誤差
	納品遅れ		
	商品不良		
	納品モレ		
	別商品振替		
	紛失		
	商品破損		
誤出荷対応	入力ミス		
	ピッキングミス		ピッキングと検品人員が同じ場合
	検品モレ		ピッキングと検品人員が別の場合
事故品(不良品)対応	入荷時不良		
	破損		
作業のやり直し	ピッキングミス(作業ミス)		
	作業案件違い		
	作業方法の変更		実施前
	規定外の指示ルート		
荷崩れ対応	コンテナの積み方		
追加発注	規定外の発注方法		時間外・方法
	規定数量の超過		
作業開始待ち	(指示)データ未着		データ未着
	入荷遅れ		
	伝票作成遅れ		
	指示変更		
	マテハン機器の故障		
	商品破損		
梱包商品の棚戻し仮置き	出荷指示		
	在庫数量が合わない		
	納入遅れ		
再入力業務	出荷行き先変更		旧出荷削除後再入力
	出荷数量変更		個数入力変更
	出荷キャンセル		EDI入力削除作業
予定数量格差対応	(変更)データ未着		
その他規定外対応	規定外報告		頻繁な電話対応など(頻繁の度合は担当者判断)

第3章

これが物流コストだ

3-4
物流の人件費

深刻な人材不足により、物流業界でもシステム化や自動化による省人化が進んでいます。しかしながら、基本的に物流業界は、多くのヒトの介在を必要とする労働集約産業であり、多大な人件費が発生しています。

▶ 輸配送業務における人件費

輸配送業務における**人件費**は、ほぼトラックドライバーの人件費と言えます。輸配送を物流会社に委託している場合は支払い運賃に含まれますが、自社配送の企業では給料のほかに、賞与、法定福利費、労働保険料、福利厚生費、通勤交通費など人件費に含まれます。自社配送にかかる他の**燃料費**やリースおよび**減価償却費**、車検・**修理費**、高速道路代などの総コストに対して、人件費を50%未満に抑えることが採算のポイントとなります。また物流会社の場合、人件費が総コストの50%未満であれば黒字、50%以上なら赤字の傾向となります。

▶ 物流センター業務における人件費

物流センターでの入荷作業や**ピッキング**、**梱包**、**検品**、出荷作業は、パート・アルバイトを積極的に導入することで**人件費**を抑えています。理想の非正規社員比率（派遣含む）は80〜90%とされ、十分な戦力確保のため、常時、募集や採用を行うと同時に、教育制度の充実やキャリアプランの作成、快適な職場環境づくりに力が入れられています。なお、センター業務以外にも、フォークリフト、返品処理、物流機器や設備のメンテナンスにも人件費がかかっています。

▶ 事務作業における人件費

事務作業の人件費も予想以上にかかるものです。受注処理や伝票入力などに従事する人数の割合が大きく、パート・アルバイト、派遣社員の採用や外注化などによる**コストダウン**が進んでいます。システム化による業務の簡素化やペーパーレス化により、人件費の削減と同時にミスの撲滅も大いに期待できますが、システム投資の優先順位が低いため、旧態依然の事務現場が多く見られます。

物流業界での人件費の種類

輸配送業務における人件費

総コストの約50%を占めている

物流センター業務における人件費

利益を出すには非正規社員比率が80〜90%となることが理想

事務作業における人件費

受注入力スタッフの人件費を抑えることが重要

3-5
配送コスト

一般的に、販売活動における純粋な配送のためのコストは、全配送コストの80%弱を占めると言われます。これ以外の商品の引き取りへの対応が5%、拠点間の移動や横持ちで発生する輸送コストが10%強と言われます。

▶ 貸切り、ルート配送などの配送費

配送コストを大まかに見ると、4t車、10t車などの中・大型車両で拠点間を輸送する幹線運賃と、2t車、3t車などの小型車によるルート運賃の2つに分類されます。これらの運賃設定には、月ごとの定額運賃、トンキロベースの運賃、個建て・車建て運賃などのほか、ドライバー派遣などによる時間当たり運賃などがあります。その設定方法については、物量と輸送距離、荷姿や重量もしくは容積、納品件数と走行時間等によって物流会社と協議します。

▶ 宅配便などの小口配送費

ネット通販の会社や小口納品が多い企業では、宅配便と呼ばれる路線会社がよく使われます。宅配便を使うのは、一般消費者への配送や代金引換が発生する、企業向けの物流で物量がまとまらない、納品先が遠隔地ある——などの理由によるものです。運賃設定は、重量と輸送距離にもとづくタリフと呼ばれる運賃表をもとに決定されます。物量が多い一部の企業では、どの地域でも同じ料金という一律料金制を導入することもあります。宅配便を使った場合の配送コストは、人件費と並んでトータル物流コスト全体の中で構成比を大きく占めており、割合の多い企業では60%以上、小さな企業でも40%くらいとなっています。

▶ 業務別に見た配送費

販売にかかる配送費は全配送コストの80%弱を占めると言われます。さらに引き取りや納品側の運賃負担（着払いなど）が5%、横持ちなどの拠点間の移動10%を占めています。

また最近、注目されるリサイクルや廃棄など、回収にかかるコストは3～5%を

占め、年々、増加傾向にあります。拠点間配送（**横持ち**）や回収の一部は、付加価値を生んでいない配送もしくは未然に防ぎたい余計な配送もあり、これらを改善・排除する工夫により配送コストを削減することができます。

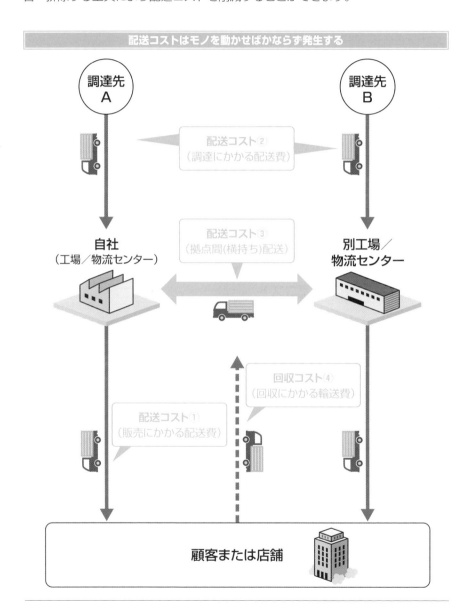

配送コストはモノを動かせばかならず発生する

調達先A

調達先B

配送コスト②（調達にかかる配送費）

自社（工場／物流センター）

配送コスト③（拠点間(横持ち)配送）

別工場／物流センター

回収コスト④（回収にかかる輸送費）

配送コスト①（販売にかかる配送費）

顧客または店舗

3-6
保管コスト

人件費、配送費と並んでコスト構成比の高いものに「保管費」があります。保管コストは在庫量（保管スペース）によって決まるため、需要予測や適正在庫のための発注点の設定など、在庫管理の仕組みとも大きく関連しています。

▶ 保管コストとは何か？

保管コストは大きく2つに分類されます。1つは物流会社や倉庫会社の保管施設を借りている場合に発生する賃借料で、支払い保管費として計上します。もう1つは自社または親会社の土地を賃借して倉庫や物流センターなどを建てている場合で、建物の**減価償却費**と賃借料を自社保管費として計上します。

減価償却が終了した場合、自社保管費をゼロとするケースもあり、これは厳密には「貸した場合を想定した賃料」として計上できますので、その分の賃料をコスト競争力の強化につなげることができます。

▶ 在庫型センターの保管コスト

在庫に対する**保管コスト**は、製品などを保管する面積と入出庫などの作業に必要な通路面積などを合算する場合が一般的です。通常、月間当たりの使用面積（坪数）で料金が設定されていますが、それ以外にも**パレット**当たり料金、重量当たり料金、**カゴ車**など収納機器1個当たり料金などがあります。支払い保管費には入庫料、出庫料、そして流通加工費などの**作業コスト**も含まれます。

▶ 通過型センターの保管コスト

日配品や生鮮品などは、物流センターに入荷されると直ぐに仕分け・出荷されるため、純粋な意味での保管コストは発生しません。ただし、施設を借りている場合はその賃借料が必要ですし、**ピッキング**や値札づけ作業には**人件費**や**資材費**等のコストが発生します。また**宅配便**などの路線物流会社では、輸送インフラのハブとして通過型センター（貨物ターミナル）が運営されていますが、ここで行われる方面別仕分けのコストは支払い運賃の中に含まれています。

在庫型センター／倉庫

- 保管料
- 入出庫料
- その他の作業料

通過型センター／倉庫

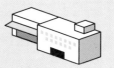

- 施設の賃借料
- ピッキング、値札付け、
  方面別仕分けなどの作業料

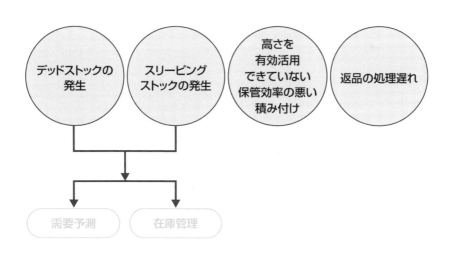

3-7
情報・通信コスト

トータル物流コストに占める情報・通信費の割合は、全体の数%とわずかなものです。しかしその範囲は、電話の回線料やEOS、EDIなどのオンラインコスト、伝票・ラベル作成に必要な用紙、トナー代など多岐にわたります。

▶ 情報・通信コストは誰が負担する？

大手企業を中心に出荷指示や伝票発行などは、オンラインでのやり取りが主流となっています。これら基本的な**情報・通信システム**にかかるコストは、一般的に取引をはじめる物流会社が負担します。

しかし、物流会社からの提案や業務改善のために**在庫管理システム**や**WMS**＊などを新たに導入する場合、荷主企業側がその費用を一部負担するケースもあります。

▶ なぜシステム投資が進まないのか？

これまでにも多くのシステム会社が、物流業界向けに高性能な**情報・通信システム**を開発してきましたが、中小の物流会社では広範な導入が進んでいない状況です。その最大の理由は、やはり物流が労働集約型の業務のため、システム化による作業の平準化が難しいからであり、トータル物流コストに占める**情報・通信コスト**の割合が数%にすぎないのも、こうした理由によるものと思われます。

さらに情報・通信システムへの投資が遅れている理由として、新たにシステムを導入しても長期的に効果を高めるための仕組みを構築できないことも考えられます。また、物流会社がシステムの導入を検討する場合、投資コストの回収が見込めなければ導入を断念するでしょう。

しかしながら最近はIT化が進み、初期投資がかからないクラウドサービスを利用できる環境が整えられたことで、物流業界でも情報・通信システムが積極的に導入されるようになりました。物流業務はシステム化や平準化が困難と言われてきましたが、ITの活用を基軸とした業務革新により、さらなる効率化や改善のポイントが浮き彫りになると期待します。

＊**WMS** Warehouse Management Systemの略。倉庫管理システムを指し、ロケーション管理や入出庫に伴う在庫の変動を管理するシステム。

第3章 これが物流コストだ

情報・通信にかかるコストは広範囲に及ぶ

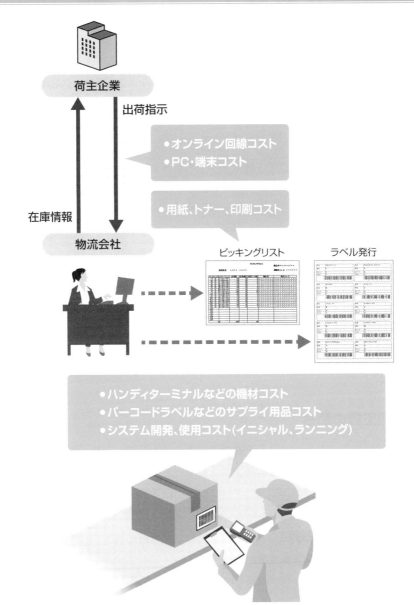

荷主企業

出荷指示

- ●オンライン回線コスト
- ●PC・端末コスト

- ●用紙、トナー、印刷コスト

在庫情報

物流会社

ピッキングリスト

ラベル発行

- ●ハンディターミナルなどの機材コスト
- ●バーコードラベルなどのサプライ用品コスト
- ●システム開発、使用コスト(イニシャル、ランニング)

3-8
流通加工コスト

流通加工は、パート・アルバイトや派遣スタッフなどの非正規社員がセンター業務の一環として従事しますが、専門の業者にアウトソーシングするケースもあり、この場合のコストは外注費として計上されます。

▶ 流通加工の範囲

流通加工の作業範囲は広く、簡単な部品の組み立てやラベル貼り、段ボールから小口パッケージへの詰め替え、輸入品の品質検査や出荷品の**検品**など多岐にわたります。また最近は、従来は生産の後工程で行われていた作業を、物流部門が引き継ぐ場合もあります。

卸や大手食品スーパーなどでは、鮮魚の解凍、解体や盛りつけ、惣菜の調理、パッキングなどの加工を、物流センターに併設したプロセスセンターと呼ばれる施設で行います。またアパレル業界では、検針、染み抜き、ハンガー掛けなど流通加工の工程の数が他の業界と比較して多く発生します。

そのほか、精密機械や通販などは、いくつもの検査工程や小口仕分け、ラベル作成など多くの作業が発生する業種であり、流通加工費の占める割合が多くなっています。

▶ 流通加工費の割合

すべての**物流コスト**における**流通加工**の割合は、業種・業態、企業によってさまざまです。流通加工が比較的多い会社では、そのコストが全物流コストのおおよそ10%〜15%を占めています。一方、流通加工を請け負う会社では、全てのコストの約90%が社員およびパート・アルバイト等の**人件費**（雇用費）で、残りの約10%は設備の**減価償却費**、シールや梱包材等の**資材費**となっています。

また、流通加工を委託する場合の料金設定は、1個当たり、1ケース当たりのように個建て料金で設定され、依頼側は物量や仕事量に応じた変動費として扱っています。流通加工を受託する業者や物流会社では、作業者1人当たりの生産性をいかに上げるかが利益化のポイントとなります。

多岐にわたる流通加工

組立　　貼り付け　　詰め替え

検品　　　　検査

アウトソーシングと非正規社員が中心の流通加工

荷主企業　→　アウトソーシング　→　請負会社
物流会社

商品1個当たり、1ケース当たりなど
作業単位での料金設定

変動費の外注コスト　　　　パート・アルバイトなどの
人件費

3-9
センターフィー

センターフィーとは、小売業者がメーカーや卸などの納入業者に請求する物流センターの使用料のことです。物流センターの運営のために徴収されるセンターフィーはどのように設定されているのでしょうか。

▶ センターフィーも立派な物流コスト

小売業の物流センターは、大手スーパーや量販店が所有・管理しています。納入業者から徴収した**センターフィー**は、物流センターのメンテナンスや運営管理費にあてられます。

このセンターフィーに対し、メーカーや卸側では**物流コスト**という概念で捉えておらず、値引きや販促費、支払い手数料として処理されています。取引するには、得意先の物流センターの使用が条件となっているからです。

▶ センターフィーの設定基準

センターフィーの設定基準には大きく2つあり、1つは単品ごとの納品回数や荷姿などから**作業コスト**と**保管コスト**、**配送コスト**を算出し、単品の仕入価格にセンターフィーを上乗せするパターンです。

そしてもう1つは、今まで各店舗に納品していた配送コストが一括納品でどれくらいの**コストダウン**となるのかを算出して決められます。前者が本来のセンターフィーの基準ですが、算出に手間がかかるため後者の方式をとる企業が多いようです。

さらに、納品サービスの内容によっても料率が変わります。店別仕分けや**流通加工**に対応できるか否かによって、物流センターでの作業量や出荷スピードが大きく変化するからです。また、広範囲エリアをカバーする物流センターでは料率が高く設定されていますが、実際はメーカー、卸との力関係、交渉によって決められるようです。

なお、多店舗展開の大手小売業は、物流センターを**プロフィットセンター**と位置づけ、センター通過品の増大を積極的に行っています。これは、物流の集約化による利益化を意味するものです。

●センターフィーとは

一般的に小売業の物流センターにメーカーや卸が、小売業に納品する際に支払う物流業務委託費のこと。下代（仕入）総額に対する比率で決定される。

第3章 これが物流コストだ

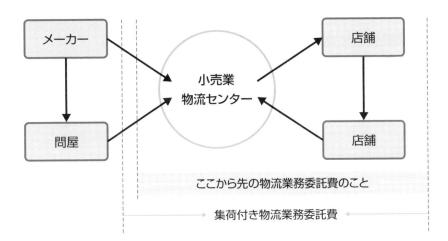

業種及び企業名		センターフィー		荷姿
食品	D社	パン	10% ＋ 盤重使用量	方面別仕分け済み（問屋及びメーカー担当）
		グロサリー	6～8%	
		コカ・コーラ	8%	
	I社		4～6%	〃
	F社	メーカー品	10～12%	〃
衣料品	D社	シャツ	5%	〃
		子供服	4.6%	〃
		アウター	5%以上	〃
住関連	D社	ハードライン	3.7%	〃
	K社		4%	〃
	D社		5～6%	〃
医薬品	T社		2.3%（集荷付き　4%）	〃
	M社		4%（交渉中）	〃
	物流企業	問屋→小売までの共配フィー 仕分け無し 仕分け有り		左記
	食品商社		3～4%	方面別仕分け済み
	医薬品卸		3.5～3.8%	〃

3-10
物流コストの見直し基準

物流コストの削減はその企業にとって大きな強みとなります。しかし、闇雲にコストダウンを図っても物流力を低下させるだけですので、何を基準に見直していけばよいかという点について解説します。

▶ 月・季節波動に応じて物流コストを調整する

トータル物流コストにおける三大コストは、人件費、配送費、保管費（加工費含む）であり、これらのコストは全コストの約80%を占めると言われます。この物流の**コスト管理**においては、コスト項目の構成比のチェックに加え、季節ごと、月ごとの売上と**物流コスト**の変化に注視する必要があります。繁忙期と閑散期といった大雑把な見方ではなく、より詳しく月単位でのコストの変動を見ていくことが肝要です。

よく、「物流の3大コストが、売上の多い月でも少ない月でもあまり変化がない」という企業があります。これは売上や物量の多い月に人員や車両、保管などのキャパシティを設定しているからであり、見方を変えれば、売上や物量が少ない月には物流コストのムダを出しているわけです。閑散期に発生するムダな物流コストは、収益を低下させ経営を圧迫する大きな要素となります。

なぜこのようなことが起こるのかというと、月・季節ごとの売上変動が多いにもかかわらず、物流の3大コストを固定費としているからであり、今後は変動費に変え人員や車両数を調整する必要があります。つまり、日別、週別、月別で、人数、車両台数、保管面積などの適正値を設定することが不可欠です。

▶ その他の見直しポイント

トータル**物流コスト**を示す表に月々の在庫量を付加することで、**在庫回転率**や売上に対する適正な在庫量を判断できるようになります。また株式公開企業では、有価証券報告書をホームページなどで閲覧することができますので、トータル物流コストの中の「支払い物流コスト」を自社と比較することで、モデル企業をベンチマークすることができます。

物流コストの見直しの３つのポイント

 POINT 1 物流コスト 構成比

		合計	月平均	構成比率
	稼働人数/日			
人件費	管理者	5,592	466	
	男子社員	3,901	325	
	女子社員	3,541	295	
	パート・アルバイト	6,161	513	
	小計	19,195	1,600	34.55%
配送費	支払運賃(チャーター)	55	5	
	支払運賃(路線便)	6,307	525	
	支払運賃(メール)	582	49	
	支払運賃(立替)	307	25	
	小計	7,251	604	13.05%
加工費	外注加工費(A商品)	3,905	325	
	外注加工費(B商品)	1,570	131	
	外注加工費(D商品)	1,612	134	
	材料費(社内)	3,714	310	
	材料費(社外)	119	10	
	小計	10,920	910	19.65%
保管費	支払保管料	1,744	145	
	自社倉庫費	6,156	513	
	倉庫内機器費	5,856	488	
	リース料	648	54	
	在庫金利	1,622	135	
	小計	16,026	1,336	28.84%
情報処理費	情報処理費	0	0	
	事務消耗品費	0	0	
	通信費	221	18	
	小計	221	18	0.40%
その他	水道光熱費	1,166	97	
	その他雑費	0	0	
	廃棄物処理料	783	65	1.41%
	小計	1,949	162	9.42%
合計		55,562	4,630	100.00%

 POINT 2 月・季節波動

	基礎データ 物流 物流累計構成比	4月	5月	6月	7月	8月	9月	10月	11月	12月	1月	2月	3月	合計
季節波動							物流コスト							
	A商品	1.07	0.97	0.86	1.13	0.64	1.49	0.52	1.03	1.00	0.95	1.11	1.23	12.00
	B商品	0.38	0.56	0.51	0.68	0.35	2.33	1.13	0.91	0.47	2.20	1.08	1.39	12.00
	合計	0.75	0.78	0.70	0.92	0.50	1.88	0.81	0.97	0.75	1.53	1.10	1.30	12.00

 POINT 3 在庫量

		合計	月平均
売上高	売上高 (A商品)	336,611	28,051
	売上高 (B商品)	294,032	24,503
	合計	630,643	52,554
在庫高	在庫高 (A商品)	766,626	63,886
	在庫高 (B商品)	314,819	26,235
	合計	1,081,445	90,120
在庫比率	A商品在庫/売上比	2.28	2.28
	B商品在庫/売上比	1.07	1.07
	合計	1.79	0.15

MEMO

物流サービスとは
何か

　物流サービスとは、倉庫や物流センターなどで行われる物流に関する業務を中心に、物流を最適化するために提供されるサービスを指します。物流サービスには入出庫や検品、梱包、流通加工など多岐にわたり、車両を用いた輸配送サービスも物流サービスの1つです。また最近は、EC物流の分野で「フルフィルメント」という言葉をよく耳にするようになりました。これは、受注から決済、在庫管理、ピッキングや梱包・配送、返品・交換までの一連のプロセスに対応した物流サービスです。

　ただし、ひと口に物流サービスと言っても、物理的な作業を行えばよいというものでなく、サービスである以上、そのレベルが差別化のポイントとなります。たとえば、配達の時間指定を筆頭に、品質を維持するための温度管理、コスト削減や省力化のための仕組みづくりなど、物流サービスの提供によって顧客にどれだけの価値を創出するかが重視されます。本章では、物流会社が提供する各種サービスを紹介します。

4-1

物流サービスの特徴

物流業は「サービス業」と言われています。形のある商品ではなく、時間や人手、品質といった無形のサービスを売りモノにしているからです。ここでは、B2C*とB2B*それぞれの物流サービスの特徴を見ていきます。

▶ B2Cの物流サービス

ヤマト運輸、佐川急便などの特積会社（または路線会社）は、宅配便といわれる一般ユーザーへの物流サービスをビジネスの中核とし、このB2C向けのサービスで提供される付加価値は、運賃や送料に転化されています。サービスの方向性には会社によって特徴が見られ、ヤマト運輸は時間指定サービスやゴルフなどのレジャーにおける宅配サービスに注力するのに対し、佐川急便では通販など代金回収でのクレジットカードサービスを積極的に行っています。

大手の特積会社各社が共通して取り組むサービスには、常温、冷蔵、冷凍の三温度帯サービス、引越しサービス、海外物流企業との提携による海外宅配サービスなどがあります。

▶ B2Bの物流サービス

B2Bの物流サービスでは、大手の特積会社が提供するパッケージサービスがあり、資源ゴミの回収サービス、文化財や重要機密書類などを輸送・保管するセキュリティサービスなどが代表的なものです。

一方、地場および区域物流会社が提供するB2B向け物流サービスは、荷主の細かな要望やニーズに合わせてカスタマイズするオーダーメイド的なサービスが中心となります。在庫製品の棚卸、納品時の店舗陳列、冷凍庫や保管棚への先入れ先出し作業、メーカー販社などから納品された製品の組み立て作業などが代表的なサービスで、最近は、製造設備や家具などの搬入・据付けなど、従来は荷主側で行っていた作業を代行する物流会社も増えてきました。

ユーザーニーズが多様化する昨今、B2C、B2Bの双方において物流各社では新たな物流サービスの提供に向け全力をあげています。

＊**B2C** Business to Customerの略。企業と一般消費者の取引のこと。
＊**B2B** Business to Businessの略。企業間同士の取引のこと。

多様化する物流サービス

一般ユーザー向けサービス（B2C）	法人向けサービス（B2B）

大手特積会社
（ヤマト運輸、佐川、日通、西濃、福通など）

地場、区域物流会社

- 時間指定
- ゴルフ宅急便
- クレジットサービス
- 三温度帯
- 引越し
- 海外宅配便

etc

- 資源ゴミ回収サービス
- セキュリティサービス
- 棚卸し
- 陳列
- 先入れ先出し納品

etc

業務代行機能

パッケージ型サービス
※料金体系が明確

オーダーメイド型サービス
※内容によって料金が決まる

4-2
宅配会社のサービス開発

宅配会社は、より付加価値の高いサービスを差別化のポイントとしています。時間帯指定配達はもはや当たり前のサービスであり、今後も利用者の利便性をより一層追求したサービス開発が進められるでしょう。

▶ 突出するヤマト運輸のサービス開発

「宅急便」が宅配の代名詞となった**ヤマト運輸**は、次々と新しいサービスを開発してきました。ゴルフ宅急便や代引き、送り状発行サービスなどは、ユーザーニーズを徹底的に調査したうえで商品化されたもので、マーケティングを駆使しながら顧客サービスを向上させています。

宅配事業を行う他の大手の**特積会社**でも「ヤマトに負けじ」とばかりにサービスの充実に重点を置いた商品開発に全力を注いできました。時間帯指定配達のほか、**ネット通販**やテレビショッピングなどの普及により、決済代行のクレジットサービスにも対応するようになりました。また、常温以外の冷蔵・冷凍品の**三温度帯**サービスなど、いまではどこの宅配会社でも通常サービスとして提供され、各社が鎬を削っています。

▶ ライフスタイルの変化にあわせたサービス開発

人々のライフスタイルが大きく変化したことを受け、宅配サービスのあり方、サービス開発の方向性も見直されています。利用者のより細かなニーズに対応することはいままでどおりですが、単に指定どおりに荷物を届けさえすればいいというものではなくなってきました。

ヤマト運輸は2019年5月、24時間荷物の受け取りと発送が可能な業界初のセルフ型店舗「クロネコスタンド」を豊洲にオープンしました。さらに同年9月には、スマートフォンで宅急便の発送手続きを可能にするサービスを開始しました。方や**佐川急便**は、**AI** ＊を活用した配送伝票業務の自動化とあわせ、「指定場所配送サービス」で再配達の削減を図りました。**日本郵便**の宅配ロッカー「はこぽす」についても、今後大きな普及が見込まれています。

＊**AI**　Artificial Intelligenceの略で人工知能のこと。コンピュータがデータを分析し、その知識をもとに新しい結論を得たり、判断、解決、学習したりする。

基本の宅配サービスと開発力の差

●いまや当たり前となったサービスメニュー

第4章　物流サービスとは何か

●宅配各社のサービス開発力の差

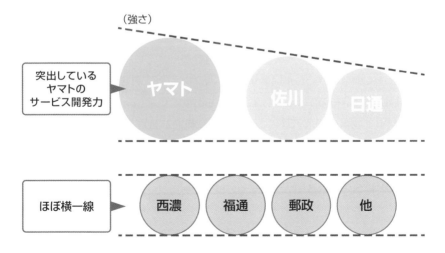

4-3
温度管理

常温、冷凍、冷蔵などの温度管理は、食品・食材の品質維持のために不可欠なサービスです。物流サービスとしての温度管理は、食品業界のみならず、医薬品、化学製品、精密機器などの分野にも提供されています。

▶ 三温度帯から四温度帯へ

食の安全に対する一般消費者の関心の高まりにより、物流業界における**温度管理**の技術も飛躍的に進化してきました。温度管理の基本となる**三温度帯**は、特別な温度管理を必要としない常温品（ドライ品）、乳製品や生鮮3品などの冷蔵（チルド）が5～マイナス5℃、冷凍食品やアイスクリームなどの冷凍品がマイナス15℃以下です。

これら三温度帯に「定温」と呼ばれる温度帯が加わり、**四温度帯**による管理が求められるようになりました。定温とは、主に10～20℃の温度帯において一定の温度や湿度を保つ環境のことで、チョコレートやワインなど、温度変化によって品質が損なわれる食品の保管に使用されます。

▶ 高度な設備導入とコスト負荷が課題

温度管理は商品物流以外にも広い分野で利用されており、管理上のポイントとなるのは、その商品にとって最適な温度をいかに維持するかという点です。たとえば、一度融けてしまったアイスクリームを再度凍らせても、商品本来の品質や美味しさが大きく損なわれてしまいます。逆に寒冷地などで外気温の影響を受けると、凍ってはいけないものが凍ってしまうこともあります。

したがって物流の温度管理については、高機能な管理設備と技術・ノウハウとともに、**設備費**や維持費、**人件費**等にも多額のコストを必要とします。温度管理を行う冷蔵・冷凍倉庫では、倉庫業法の設備基準である防水性能、消火設備、防犯装置などに加え、冷蔵・冷凍機器やドックシェルターなどの設備をはじめ、倉庫内の霜・湿気対策なども必要となるため、常温品の倉庫と比べ大きなコストがかかります。また最近は、**三温度帯**一括配送による輸送の効率化が進んでいますので、これに対応した輸送車両を導入する必要があります。

食品物流では高度な温度管理が行われている

一般ユーザー・消費者用	業務用		
常温または ドライ	常温	—	特別な温度管理を 必要としない製品
	中温	15℃〜18℃	●野菜 ●寿司、パン
冷蔵	冷蔵	10℃以下	●牛乳 ●豆腐
冷凍	チルド	0℃〜5℃	●肉・魚 ●生鮮食品
	冷凍	−18℃以下	●冷凍品 ●アイス

大手特積会社の宅配便も対応

温度管理は食品業界以外にも幅広い領域で行われて
います。医薬品、医療業界や化学業界、さらには精
密機械や電機業界などにおいても、外気温に対する
保冷や定温機能が不可欠とされています。

4-4
トレーサビリティ

トレーサビリティとは、商品の生産から消費までの過程を追跡することを意味します。このトレーサビリティの仕組みは、食品業界をはじめ製品の物流・流通に関わるさまざまな分野で導入されています。

▶ ユーザーに安全・安心を提供する仕組み

トレーサビリティの考え方には、「トレースフォワード」と「トレースバック」の2つがあります。生産者を「上流」、消費者を「下流」とした場合、上流から下流に向かって商品を特定するのがトレースフォワード、逆の状態がトレースバックとなります。

製品の製造と物流においてトレーサビリティは重要な役割を担っています。市場に出た製品が、いつ、どこから、どこに向けて、いくつ出荷されたのかという5W2Hの履歴をデータベースに集積し、製造工程でのデータベースと連動する仕組みとなっています。これにより、流通経路から製造までを遡ることができ、問題があった製品の回収や原因を究明することができます。

▶ 物流におけるトレーサビリティ

物流における**トレーサビリティ**は、保管・出荷から廃棄までの工程が対象となります。**二次元コード**や**ICタグ**などの情報ツールを製品に貼りつけ、ハンディターミナルによってスキャニングし、データを収集します。これらの作業を製品の発点、着点、経由点で繰りかえし行うことで、より正確な移動履歴を収集する運用となっています。また物流は、「流す」だけでなく「止める」という役割もあります。収集したデータを活用して製品が店舗に並ぶ前やユーザーの手元にわたる前に、ストップすることでリスクを回避します。

トレーサビリティの仕組みは貨物追跡システムとして、大手の**特積会社**（路線会社）でも導入されています。自分が発注した、もしくは発送した製品がいまどこにあるのか、何時に到着したのかを調べることができ、利用者にはとても重宝されています。

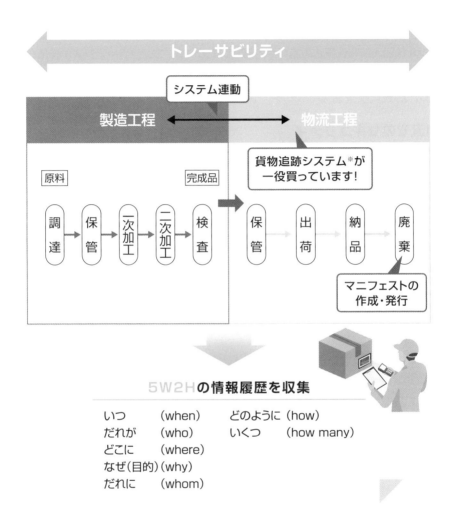

トレーサビリティで製造工程から物流工程までを把握する

トレーサビリティ

システム連動

製造工程　⟷　物流工程

原料　　　　　　完成品

貨物追跡システム※が
一役買っています！

調達 → 保管 → 一次加工 → 二次加工 → 検査　→　保管 → 出荷 → 納品 → 廃棄

マニフェストの
作成・発行

5W2Hの情報履歴を収集

いつ	（when）	どのように	（how）
だれが	（who）	いくつ	（how many）
どこに	（where）		
なぜ（目的）	（why）		
だれに	（whom）		

※貨物追跡システム：貨物の納品確認に活用されるケースが多いが、問題が生じた特定の貨物の
位置を突き止め、動きをストップさせる点において重要な機能を発揮して
いる。

4-5
セキュリティ

近年は個人情報保護法の施行や内部統制において、コンプライアンスが強化されてきました。物流業界では、データやインターネットをはじめ、帳票類などの管理に対し、セキュリティ強化が求められています。

▶ 物流でのセキュリティ

物流での**セキュリティ**のポイントは、物流の工程によって大きく3つに分けられます。1つ目は物流施設のセキュリティであり、物流センターで各種業務に従事するスタッフの入退室管理、指紋認証による本人チェック、保管・作業現場、もしくは通路、エレベーターなどの監視カメラの導入が中心となっています。2つ目は輸配送業務におけるセキュリティで、ツーマン（複数ドライバー）運行、ドアの施錠、GPSによる所在地管理、ジュラルミンケースを用いた盗難防止等があります。そして3つ目は納品時の対応であり、納品書への受け取りサインの受領、あるいは**日本郵便**で行われている受取人の本人確認等があります。

一部の大手特積会社では、「セキュリティ便」という商品を用意しています。個人情報等が記載された**ピッキングリスト**や納品伝票を委託業者から回収・処分する関係から、物流事業者にもプライバシーマークの取得を義務づける企業が多くあります。

▶ セキュリティの対象となるもの

荷主から委託されたさまざまな荷物を保管・輸送する物流では、どのようなものが**セキュリティ**の対象となるのでしょうか。具体的な例をあげると、個人情報の記入がある契約書や申込書、官公庁が各出先機関で使用する記入用紙、実施前の試験問題、有価証券などのお金に替わる書類、開発段階にある試作品やサンプル品などが対象となります。

今後、物流におけるセキュリティサービスとその対応はさらに強化されていく方向にありますが、コスト負担も大きいためより安価で利便性の高いセキュリティ機器などの開発が求められています。

物流現場で求められるセキュリティおよびレベル

- RFID（ICタグ）
の導入
- 盗難防止装置
の設置

レベル 3

- 監視カメラの設置
- 追跡システムの導入
- GPS・PHS設置

レベル 2

- 入退出管理
- プライバシーマーク取得
（委託会社）
- 使用書類（ピッキングリス
ト等）の回収
- 従業員の機密保持誓約
書記入
- 施錠管理
- 複数ドライバー
（帳票類）持出し表管理

レベル 1

4-6
静脈物流

行きの物流である動脈物流に対し、帰りの物流を静脈物流と言います。循環型社会の構築に向け、リサイクルおよびリユース産業が一大ビジネスとなる中、静脈物流に取り組む物流会社が増えています。

▶ 回収・リサイクルがビジネスモデルに

パレットや店舗に商品を納品する際に使われる**オリコン**などは、何度も繰りかえし使うことを前提とした資材であり、**静脈物流**による回収が行われています。また、環境対策に力を入れる荷主企業では、いわゆる「**3R**」[※]への取り組みと並行し、自社の**ロジスティクス**の再構築ならびに最適化を進めています。そして私たちの生活でも、使用済みのパソコンや使わなくなった家電製品などを回収するサービスをはじめ、洋服や靴などを家で試着し**返品**できるサービスなどで静脈物流が機能しています。

このように静脈物流はなくてはならものであり、近年は循環型社会を形成するうえで重要な分野とされています。動脈物流の逆の流れとなる静脈物流に目をつけた物流事業者では、廃棄物やリユース・リサイクル品の回収、運搬、処理の仕組みを整え、1つの事業の柱として運営する事例が多く見られます。

▶ 回収からリサイクルまでの流れ

企業がユーザーから**返品**され回収した商品は、再利用するか廃棄処理されます。一方、ある一定期間ユーザーが使用し、不要と判断した場合は一般的にユーザー側で廃棄処理を行います。いずれの場合も、廃棄物回収事業者もしくは物流事業者に産業廃棄物の輸送業務を委託し、処分業者に持ち込まれる流れとなります。

その後の処理方法は、紙類、金属などは溶解処理を経て再利用され、機械、輸送機器類などは解体によって部品を取り除き中古部品として流通します。衣類等は発展途上国に輸出されたり、裁断されウエスなどに再利用されたりします。手間のかかる処分工程は、一般的に**人件費**の安価な発展途上国で行われ、需要のある国や業者が高値で引き取ります。

[※]**3R** Reduce、Reuse、Recycleの総称。Reduceはムダに廃棄物を出さないこと、Reuseは何度も繰りかえし使用すること、Recycleは廃棄物を再利用すること。

回収・廃棄処理とリサイクルの流れ

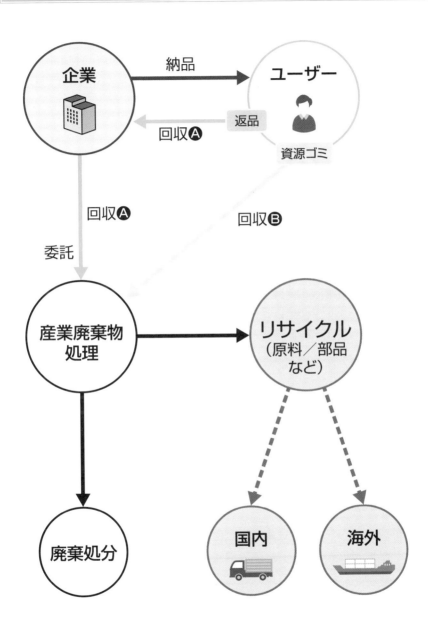

4-7

在庫管理におけるVMI

VMIとは、ベンダーによる在庫管理のことです。ベンダーもしくは物流事業者が荷主企業と協力して、発注から在庫管理に関わる一連の業務をスムーズに行うことで、在庫の最適化や業務効率化に大きく役立ちます。

▶ VMIの運用メリット

一般的に資材の発注や**在庫管理**は、荷主企業自身が自社の製品の生産状況や販売状況に応じて行いますが、**VMI**ではベンダーが発注から在庫管理までの業務を代行します。VMIでベンダー側が提供する主なサービス内容は以下の4点です。

①定期的な**棚卸**を確実に実施するサービス
②倉庫管理システム（WMS）による入・出荷管理、在庫の最適化
③**ロケーション管理**によるリアルタイムな在庫情報の発信
④受発注システムによる発注点設定のサポート

VMIでは、ベンダーと顧客の双方にとって大きなメリットが生まれます。まず、顧客側の在庫状況がリアルタイムにわかることで、ベンダーは**補充**する量やタイミングが明確となり、それに合わせて在庫量を調整すれば、ムダな在庫を抱えずに済みます。一方の顧客側は、在庫情報の管理や棚卸等の作業がなくなり、重要度が高い業務に集中できるようになります。さらに、補充品の数をベンダーが決めるため、発注ミスや**欠品**などのリスクも解消されます。

▶ VMIの注意点

VMIはベンダーが**補充**や**在庫管理**を行うため、契約上、資材や商品の所有権はベンダー側にあります。したがって、発注した材料や商品の在庫からの払い出しが確定した時点で、顧客側に支払い債務が発生します。正確な在庫管理にもとづく適切な補充により、いままで見えなかったムダが支払い金額という数字で**見える化**され、棚卸資産の削減と資金繰りの改善につなげることができます。

　しかしその一方、顧客側も欠品や**過剰在庫**に対して厳格な目を持っていなければ、大きな損失を招く可能性があるため、管理責任者の能力強化が不可欠です。また本来、顧客にとって在庫はお金そのものであり、VMIではこの大切な資産の管理をベンダーに委ねるわけですから、実績と信頼のあるベンダーを選ぶことが肝要です。

VMIによる在庫管理代行で提供される機能

在庫管理の代行により、
①棚卸実務、②在庫情報発信、③システムサポート
　　　　　　　　の3つの機能を提供する。

棚卸実務機能

在庫情報発信機能

システムサポート機能

在庫

4-8
カテゴリー別納品と先入れ先出し

小売チェーンをはじめ医薬品分野の物流では、店舗や顧客に配送・納品するだけにとどまらず、カテゴリー別納品や先入れ先出しなど、きめ細かな付帯サービスが求められるようになってきました。

▶ アウトソーシングが進む店舗内作業

カテゴリー別納品とは、納入業者が店舗に商品を納入する際、店舗の売場ゾーンの構成にあわせて、同一種類の商品を分類して納品する形態のことです。これによって店舗側では、荷受け作業や商品の**補充**、陳列の作業を効率化でき、一括物流の重要な要素となっています。そして**先入れ先出し**とは、使用期限や賞味期限にあわせて古い物から順に取り出せるよう、新しく納品する商品を商品棚の後方に並べていく陳列方法です。

これら店舗側での作業は、かつては各店舗で働くスタッフが行っていましたが、接客の充実や店舗オペレーションの省人化への要求から、近年は物流事業者にアウトソーシングされるようになりました[*]。

▶ 物流効率の悪化をいかに解決するかが課題

店舗における物流業務は、入荷品の開梱、**検品**、納品書へのサイン、値つけ、棚入れ、陳列、空き段ボールや通い箱の整理など多岐にわたります。あるドラッグストアチェーンでは、これらの業務がコスト換算で物流業務全体の約24％を占めていることが明らかとなりました。特に近年は品ぞろえの拡大に伴い、店舗スタッフの負担はますます大きくなっています。

そこで、店舗物流の一部を卸や物流事業者が代行するわけですが、**カテゴリー別納品**にあわせた**ピッキング**、**オリコン**や**カゴ車**への収納など出荷作業が複雑化することとなります。さらに配送業務もいままでのように、店舗のストックスペースに置くだけの作業と比べ約3倍の時間を要します。当然、1店舗当たりの納品時間が増えれば配送効率が大きく低下しますので、午前中完配などに対応するには、車両台数を増やさなくてはなりません。そのため物流事業者は、納品サービスの

---

[*] ……**なりました**　医薬品業界ではメーカーや卸の営業が納品を兼務していたが、営業と物流を分ける商物分離の動きから高付加価値納品のアウトソーシング化が進んでいる。

負荷を料金に転化するか、あるいは配送ルートの見直しによる配車改善などの努力を図っています。

物流業務	コスト構成比
受　注	9.20%
入荷検品	2.20%
入　庫	3.70%
在　庫	6.80%
ピッキング	6.50%
出荷検品(検品)	2.90%
仕分け積込	5.00%
配送経費	39.80%
発　注	7.10%
流通加工	1.50%
返　品	―
補　充	1.40%
その他物流作業	13.90%
合計	100.00%

小売向け物流と店舗内物流のコスト構成比

本部：受注

物流センター：入荷検品〜仕分け積込

物流会社：配送経費

店舗：発注〜その他物流作業　約24%

（年商160億ドラッグストアの例）

店舗業務の詳細をあげると、開梱、検品、納品書へのサイン、棚入れ、値付け、陳列、空き段ボールや通い箱の整理などがあります。

4-9
多頻度小口納品（JIT物流）

多頻度小口納品と言えば、「必要なモノを、必要なときに、必要な数だけ納品する」トヨタ生産方式のジャストインタイム（JIT）が代表格です。JIT物流は、コンビニやスーパーなどの小売業でも導入されています。

● 自動車業界のJIT物流

JIT物流は、自動車部品の納入時に使用される**生産管理**システムを物流にまで拡大・応用した調達物流の仕組みです。JIT物流のメリットは、まず在庫を最小限に抑えることができる点です。自動車の生産状況に同期して適宜部品を供給してもらえれば、工場では余分な在庫を持つ必要がなくなります。

次にJIT物流は、**サプライチェーン**全体の最適化を図るため、徹底した作業進捗管理が行われています。部品の発注から納入、生産、出荷までのすべての工程を**可視化**することで、問題点の発見と改善につなげられるメリットがあります。

自動車業界が求めるJIT物流に対応するため、自動車工場に部品を納品するサプライヤー各社は、生産工場の近隣に自社の**物流センター**や出荷拠点を置き、極めて短い距離（時間）で**多頻度納品**を行います。さらに簡易梱包や通い箱、簡単に開閉ができる幌車両などの導入により、納品から現場入りまでの時間を短縮化しています。

● コンビニ業界のJIT物流

JIT物流は、ストックヤードを設けられないコンビニや食品スーパーでも独自のスタイルで導入されています。基本的には**自動補充**システムや商品カテゴリーごとの特性に応じて納品日があらかじめ決められていますが、生鮮品、弁当、総菜、パン、和菓子等の日配品については、**多頻度納品**がとられています。因みにセブンイレブンの日配品は、1日3便の納品を基本としています。しかしながら、日配品のアイテム数の絞り込みと5℃で管理するチルド弁当の拡大、発注締め時刻の前倒しと追加修正発注の禁止等の取り組みにより、おにぎりとサンドイッチを除いた日配品の納品体制を1日2便とすることを可能としました。

　このように食品チェーン業界では、配送の効率化をはじめ、食品ロスや環境保全の対応から、納品回数の見直しが進んでおり、製造から販売に至るサプライチェーンの仕組みの簡素化に有効と言えるでしょう。

物流センターを中心としたJIT物流体制

サプライヤー

サプライヤーの供給センターは、納品先のメーカー工場の近くに集積し、1つの「村」を形成している。

A社

B社

C社

D社

物流センター

多頻度小口納品

ユーザー

工場

店舗

多頻度小口納品

コンビニの物流センターは、広域に広がる多店舗への納品に最適な場所に立地しているため、ある程度の距離と時間を要する。

4-10
組み立て・設置サービス

機械、精密装置、電機、重機、事務機器などの物流では、輸送・搬入のみならず、納品後の組み立てや設置工事、稼働のセッティング、回収まで対応します。これらは、物流に付帯する特殊かつ高付加価値なサービスです。

▶ 物流によるオールインワンサービス

物流における保管・配送以外の**付帯サービス**として、製品や機材の組み立て・設置作業には、エアコンの取りつけやオフィス家具の組み立て、工場設備への大型装置の据え付け等があります。従来、これらのサービスは専門の会社が行っており、物流会社は指定された納品先に輸送・運搬するだけでした。しかし、「これら2つの業務を1本化できれば、依頼の手間が省けるしコストダウンにもなる」という荷主の要求と、「モノを運ぶだけでは差別化できない」という物流事業者の考えが合致することにより、輸送から組み立て・据え付けまでをオールインワンで提供する物流サービスが誕生しました。

付帯サービスの料金設定は、運賃とは別建ての場合が多く、一台（機）当たりの作業料金が設定されています。また、サービスの内容や規模によっては、複数人の施工者をそろえる必要がありますので、付加価値の高い物流であることは確かです。

▶ 専門技術を習得したドライバーの育成

付帯サービスを行うのは輸送を本業とするドライバーですので、特殊な機材の設置工事やセッティングなどの作業には専門的な技術の習得が必須です。その内容は製品知識、作業手順、安全対策などで、なかには電気工事免許などの国家資格を必要とする作業もあります。半導体分野でのサービス研修ともなれば1年を要し、一般の機械メーカーでも6か月程の研修を実施しているようです。そのほか、ドライバーの技術レベルの向上を目的とした定例研修や年数回の技術コンテストなども行われています。

なお施工後は、不要となった製品や機材の撤収と処理が必要となります。エア

コンを買い替えたときに、設置工事と同時に古いエアコンを回収してくれるサービスがその一例です。そのため付帯サービスに従事する物流事業者では、産業廃棄物収集運搬業の許可を取得しています。

物流の後工程に求められる付帯サービス

組み立て

設置

付帯サービスには、
専門知識・技術の習得が不可欠

物流事業者
（ドライバー）

事前研修

定例研修

コンテスト

MEMO

第 **5** 章

物流コストダウン 10のポイント

　物流コストダウンの着眼点の基本は、受発注、社内物流業務、物流センターの開発、直送化、横持ち、調達物流、イレギュラー業務、在庫、支払物流費等の見直しにあると言われます。

　しかし、これらの改善だけで物流コストの削減に直結するわけではありません。現状把握・認識と課題や問題点の抽出（診断）を行ったうえで、各社各様の改善項目を定めコストダウンにつなげていくことが肝要です。さらに、作業品質や顧客サービスの向上等のテーマは、どうしてもコストダウンとトレードオフの関係となるケースが多いため、双方のバランスを図りながら取り組む必要があります。

　この章では著者が 26 年間に手がけた 817 社の改善事例から厳選し、コストダウンに役立つ 10 のポイントを解説します。

5-1
受発注方式をシステム化する

物流フローのいわば出発点である受発注の対応に問題を抱えた物流現場では、意外にも物流コストがかさんでいます。時間外の受注対応や受注情報の処理ミスをなくす等の取り組みは、コストダウンの大きなポイントです。

▶ 受発注の仕組みを見直そう

いまだに電話やFAXによる受注形式をとる物流会社を見かけることがあります。この場合、客先からの情報を物流現場の出荷情報に加工するには、受注情報の転写、PCへのキー入力などの作業を必要としますが、そのための**人件費**も大きなコスト負荷となります。しかも、ヒトが介在した作業は人的ミスを招き、**誤出荷**や数量ミスなどを生む可能性があります。

こうしたアナログな受発注方式に対し、**EOS**※やWEB・メール受注などの**電子受注**は、発注内容を自動的に情報加工しますので、受注処理の省力化とミス防止に大きな効果をあげます。

受発注方式を電子化するには、顧客の理解と協力が必要ですが、システム化が遅れている業界や顧客は抵抗感が強くあるため、値下げなどのインセンティブの提供により電子受注比率を段階的に上げている物流会社もあります。

▶ 電子受注の一本化が困難な場合は

電子受注の比率を引き上げることはできても、100%にすることはネット通販や社内間受注以外では非常に困難です。実際に、受注の数%がFAXのままというケースは多く、その際は従来の業務の見直しによって対応します。

たとえば、①受注伝票の枠を大きくすることで記入と視認性の向上を図る改善、②**OCR**（光学式文字読取装置）などで読み取り可能な専用発注書の導入、③手書き伝票を記入者同士がチェックを行う「たすき掛けダブルチェック」の徹底などがあります。

コストダウンの狙いから言えば、少人数でもいかにミスを誘発させない仕組みをつくることがポイントです。

※**EOS** Electronic Ordering Systemの略で電子発注システムのこと。発注、仕入れ、請求、支払などの業務をコンピュータで一元管理し発注を行うことにより、迅速かつ正確な発注作業が実現できる。

受注方式の違いと改善点

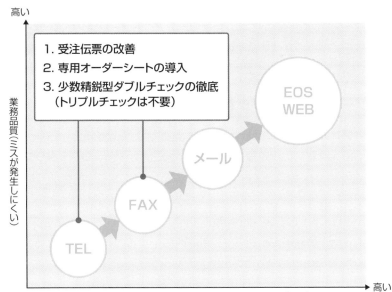

1. 受注伝票の改善
2. 専用オーダーシートの導入
3. 少数精鋭型ダブルチェックの徹底
   （トリプルチェックは不要）

（縦軸）業務品質（ミスが発生しにくい） 高い

EOS WEB

メール

FAX

TEL

作業生産性（多くの人員と時間がかからない＝コストダウン） 高い

それは
できません

「ノー」と言える
営業マン
- 時間外発注（受注）
- 緊急出荷

売上ノルマ

5-2
物流業務をアウトソーシングする

物流コストダウンの手法の1つに、自社物流のアウトソーシングがあります。専門の物流事業者に自社の物流業務を委託することによって、本業である製造や販売、開発などに専念することができます。

▶ アウトソーシングのメリットとデメリット

物流を**アウトソーシング**する一番のメリットとして、倉庫や車両、システム管理、運営に要する**人件費**等の固定費を変動費化することができ、**コストダウン**につながります。これにより、**物流コスト**が**可視化**される、物流の責任の所在が明確になる、会社組織がスリム化するといったメリットがあります。

一方のデメリットとしては、独自に積み上げてきた物流のノウハウが空洞化する、機密情報の保守、業務品質への不安、再度内製化することが困難になるといった点です。そこで、まずは外注化する業務と内製化すべき業務（強みの確保）をしっかりと吟味すること、次いで委託会社の運営現場を事前に視察し、**品質管理**体制、改善活動の実態を知ることで、納得できるアウトソーシングが可能となります。

▶ アウトソーシングの失敗例

物流業務の**アウトソーシング**は業務の専門性、労働管理の煩雑さから正攻法と言えますが、結果的に失敗する企業も多くあります。その多くは、デメリットを克服できなかっただけでなく、アウトソーシングの名のもとに業務を丸投げしてしまった場合です。これは、「管理は自社、運営は外部」というアウトソーシングの大前提が欠落したことが主な失敗要因です。

アウトソーシングの失敗例をさらにあげると、委託先への引き継ぎや指導が十分ではない、物量の季節変動などの重要情報を公開していなかった、必要以上のコストダウン要請により品質が低下してしまった、委託先を選考・決定する基準が甘かったなどの要因もあります。

これらを回避するためには、①アウトソーシングの目的、②予算額の設定、③物流事業者の充分なリストアップ、④選考プロセスと評価基準の策定、⑤現場視察

などによる提案内容の確認、⑥トライアル期限の設定、⑦契約書内容の充実など、妥協を許さないパートナーシップの構築こそがアウトソーシングの成功条件と言えるでしょう。

物流業務をアウトソーシングすることのメリットとデメリット

メリット

①コストダウンができる

②本業に特化できる

③会社がスリムになる

④責任追及が堂々とできる

デメリット

①ノウハウが空洞化する

②外注先の品質レベルに不安が残る

③一度外注化するとその業務の内製化が難しくなる。

解決策

● 外注すべき業務と内製化する
業務（強みの確保）をしっかりと吟味する。

● 品質が保証できる外注先と付き合う。

5-3
センターフィーと物流コスト

物流センターの収支はセンターフィーの設定で大きく変わります。センターフィーは「商品代金×設定料率（％）×通過アイテム数×通過量」で計算され、料率の設定がセンター運営の成否を大きく左右します。

▶ 専用センターの運営で物流を利益化する

小売、外食、FCチェーンなどでは、メーカーや卸からの仕入れ品を自社の専用のセンターへ集約・出荷することで効率化と**コストダウン**に取り組んでいます。しかし、センターの開発やその後の運営にも大きなコストがかかっているわけですから、それだけではコストダウンになりません。そこで、センターの開発・運営側は取引先のメーカーや卸から、物流センターの使用料としての**センターフィー**を徴収することで、物流の収益化を実現しています。

センターフィーはもともと、メーカーや卸が取引先の各店舗に直接配送していた業務を、専用センターの運営側が一括受託し、それによって下がった**物流コスト**を反映したものです。したがって、運営側としてはフィーをいかに設定するかが利益化の大きなポイントとなります。

▶ センターフィーによる物流コストダウン

センターフィーの計算式は冒頭に示したとおりです。センターフィーの設定料率は、業態、商品カテゴリー、納入代金、配送経路、センター内での仕分けの有無などによって細かく設定されています。

また、商品仕分けや**検品**、店舗別仕分け等の作業費は、カテゴリーに応じた料率を用いてセンターフィーに反映されます。さらに、物流センターのシステムを利用した場合、情報システム利用料金が加算されることもあります。

以上のセンターフィーを収入とし、これをセンター運営に要する**人件費**、運営会社や配送会社の委託費、地代家賃やシステム利用費等の支出に当て、差し引き儲けが残れば物流の利益化として広義のコストダウンが実現されることとなるわけです。

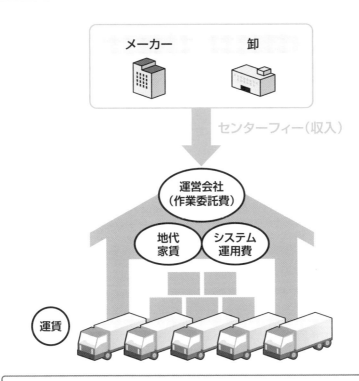

5-4
メーカー工場の直送物流を参考にする

多くのメーカーでは、工場内に物流センターを設けることで、顧客の要望に応じた形に製品を加工・調整して出荷する物流が行われています。こうしたメーカー直送型の物流は、清流化の理想形と言えるでしょう。

▶ 生産拠点と物流拠点との関係

複数の物流拠点で同じ業務を行っているのであれば、拠点を1つに集約した方が効率的です。しかし、遠方の集約拠点にモノを運ぶには余計に運賃がかかりますし、そこから遠方の顧客に納品するとなるとさらに**輸送コスト**がかさみます。したがって、物流拠点を集約する場合は、それによってどのような付加価値をつけられるかが前提となります。

また一部では、貨物の積み替え機能を中心とした**クロスドック**※と呼ばれる物流拠点や、在庫を持たず方面別仕分けに特化した**通過型物流センター**（TC）を設置する場合があります。これについても工場で行った方がコストを下げられるケースが多いため、最近は廃止する企業が増えているようです。例外としては、複数の工場でできあがった完成品を1つの注文にまとめることを目的とした物流センター、もしくは部品のパーツセンターなどはバックアップ機能としてよりユーザーに近いエリアに分散して設置されています。

▶ 生産体制の見直しで物流コストを抑える

生産工場からダイレクトに市場に製品を送る**直送**が最も物流コストを抑えられる方法ですが、顧客からのオーダー内容にもよりけりです。たとえば、1つの注文の製品構成がそれぞれ別の工場で生産されている場合は、荷揃えのための物流センターが必要となります。したがって物流コストを抑えるには、特性や用途が類似した製品は同一工場かその近隣の工場で生産を行うことが得策と言えます。あるいは、生産キャパオーバーに対し他工場で応援生産する場合、工場間の**横持ち**輸送が必要となるためコストが上昇してしまいます。

※ **クロスドック** 仕入れ先から荷受けした商品を検品、仕分けを行った後、そのまま需要先へスピーディに出荷する手法。またはそれを行うための物流拠点のこと。

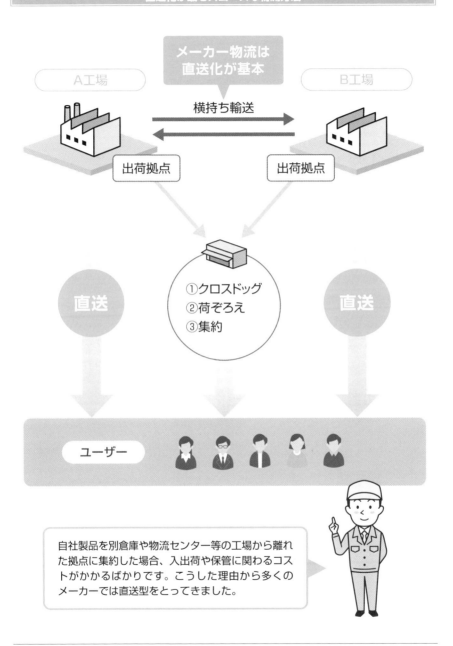

メーカー物流は
直送化が基本

A工場　横持ち輸送　B工場

出荷拠点　　　出荷拠点

①クロスドッグ
②荷ぞろえ
③集約

直送　　　　　　直送

ユーザー

自社製品を別倉庫や物流センター等の工場から離れた拠点に集約した場合、入出荷や保管に関わるコストがかかるばかりです。こうした理由から多くのメーカーでは直送型をとってきました。

第5章　物流コストダウン10のポイント

5-5
返品処理の効率化と削減の仕組みづくり

多くの物流では、返品への対応はイレギュラー業務として扱われます。そのせいか、処理ルールが曖昧なばかりか、「返品処理にもコストが発生する」という意識が希薄となりがちです。

▶ 返品はイレギュラーなコストの発生源

返品が発生した場合、その日時、ユーザー名、商品名、返品理由などの情報が担当の営業マンにフィードバックされます。返品された商品に対し、再加工するか、仕入れ先に戻すか、あるいは廃棄するかなどのルールを明確にしていればいいのですが、回収した物流拠点に放置されたままになっているケースを目にすることがあります。それにもスペースを必要とするため、未処理の状態が長期化すればするほどイレギュラーなコストが膨らむこととなるわけです。

返品の対応としては、工場や物流センターなど1つの場所を定め、集約化することが得策です。ただし、集約に要する**輸送コスト**よりも拠点内での処理コストの方が安く済む場合があるため、再加工による製品価値の再生が理想的です。

▶ 作業ミスの撲滅で返品を最小限にする

返品の発生にはさまざまな理由がありますが、ムダなコストを生むのは確かですので、まずは返品自体を根本からなくしていく施策が必要です。返品削減の対策として、荷主企業や物流事業者は主に次の4つの改善に取り組んでいます。①商品事故の撲滅、②ピッキングミスの撲滅と**入出荷検品**の徹底、③受注ミスの撲滅、④誤配の撲滅などです。

要は、受注から納品までの全工程において作業ミスをなくし、返品そのものを発生させない現場に改善することが一番の最善策となります。すなわち返品は、製品自体に何ら問題がなくても、数量や品目、日程や場所等など顧客が求める物流のスペックに1つでも間違いがあれば、それが返品の発生源となることを忘れてはなりません。

返品処理の改善策

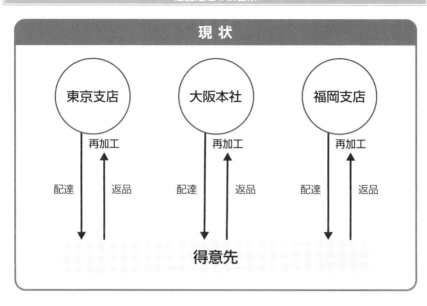

現 状

東京支店

大阪本社

福岡支店

再加工

再加工

再加工

配達　返品

配達　返品

配達　返品

得意先

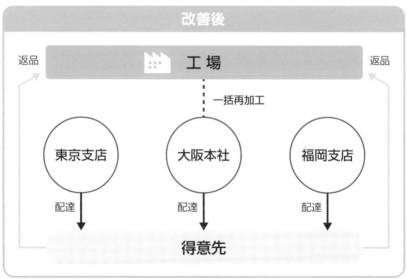

改善後

返品

工 場

返品

-------- 一括再加工

東京支店

大阪本社

福岡支店

配達

配達

配達

得意先

5-6
横持ち輸送を削減する

　横持ちとは、工場や倉庫、物流センター、店舗など、社内の拠点間で商品のやり取りを行う輸送のことです。横持ちは価値を生まない輸送であり、このムダなモノの動きを見直すことでコストダウンが図れます。

▶ なぜ横持ちが発生するのか

　本来横持ちは、その大半が価値を生まない輸送です。ムダなモノの動きと知りながら、**横持ち**が発生する主な理由として、①工場の生産キャパオーバーに対し他工場からの応援生産のための輸送、②物流センターや営業所、店舗での**欠品**を補充するための輸送があげられます。

　また、横持ち輸送というとA拠点からB拠点へのワンウェイのみのイメージがありますが、実際は更にB拠点からC拠点に輸送されるケースも多く、この場合はZ型の横持ち輸送となります。

　たとえば、仕入、調達先が西日本にあり、自社の物流拠点が東日本にあるとします。東日本物流センターからの送り先が西日本の営業所や店舗であった場合、西日本→東日本→西日本とZの字を描く輸送となります。このように自社だけでなく、仕入れ、調達先、販売先やユーザーなどの**サプライチェーン**全体で見た場合、さらに複雑化したムダな横持ちが発生していることがわかります。

▶ 自社の物流フローを見直そう

　いずれにしても横持ちは、それ自体が価値を生まないばかりか、**需要予測**や在庫管理不足によって生じるロスであり、コスト改善のターゲットとする必要があります。このような横持ちの対極にあり、シンプルな輸送でコストを抑制する輸送が5-4節で紹介した**直送**です。

　どちらの輸送形態であっても、商流と一旦切り離し、物流のフローのみを追いかけることで、効率的かつローコストな輸送を見つけ出すことができます。あるいはサプライチェーン全体から俯瞰してみることをお勧めします。自社単独の物流フローよりも明確にムダな横持ちを発見できるメリットがあります。

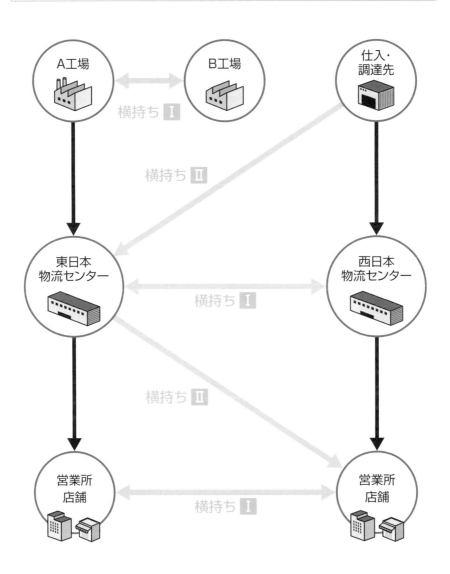

ムダな横持ちをいかに削るか

※横持ち輸送というとA拠点からB拠点のワンウェイのイメージがあるが、実際はさらにB拠点から他拠点に輸送される「Z型」の横持ちも多く発生している。

5-7
調達物流を内製化する

仕入れ先・調達先の物流にもコストが発生しており、そのコストは仕入れ価格に反映されています。大手メーカーや卸、小売では、サプライチェーン・マネジメントの一環から「調達物流の内製化」の動きが進んでいます。

▶ 調達先と自社の物流コストを比較する

調達物流を内製化するには、まずは調達先がどれだけの**物流コスト**をかけて自社に納品しているかを調べます。そのため、請求明細に購入した製品の価格と納品に要した運賃を分けて記載してもらうようにします。自前の物流インフラとの比較により、自社で引き取ったほうが調達先の運賃よりも安くなることがわかれば、調達物流の内製化に踏み切っても問題はないでしょう。ただし調達物流については、調達先1社と自社との間の片道輸送ではなく、複数の調達先を順番に回り集荷効率を向上させる**ミルクラン**と呼ばれる集荷方法の導入を検討する必要があります。

また、調達物流を内製化したからといって、かならずしもメリットが得られるわけではなく、次にあげる4点は内製化を行わないほうがよいケースです。

①調達先が遠方にあり、**特積会社**による輸送の方がコストを抑えられる場合。
②従来の自社便（仕入・調達先の社員による配送）と比較し、物流会社に委託した運賃のほうが高い場合。
③すでにローコスト化された配送ルートのなかで、自社への納品体制が組まれている場合。
④引き取りに来てもらう際の手間、設備、人員、コスト等の問題から、調達先や業務委託先の対応が不可能な場合。

▶ 調達物流は宝の山

もともと**調達物流**は、協力会社を周辺に多く持つ自動車業界などの大手メーカーによる物流効率化やコストダウンの一環から生まれた取り組みです。しかし、その対象は一次サプライヤーに留まるもので、二次サプライヤーや業務委託先までに

至っていないケースが多く見られます。今後、**サプライチェーン・マネジメント**を進める企業にとって調達物流の領域は、業務革新の可能性を秘めた宝の山と言えるでしょう。

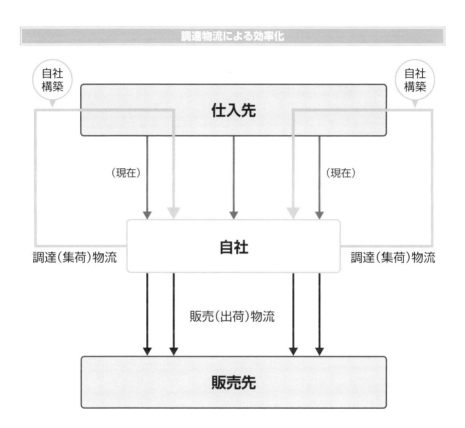

● 仕入先の物流のムダを自社物流の効率化と連動させ、引き取り、いわゆる集荷・調達物流を自社構築し、そのコストを仕入れ価格に反映させる。（値引き）

● 「物流で利益を出す」基本的な方法で、自動車メーカー（トヨタ）、食品卸（三菱食品）、食品スーパー（コープこうべ）などが代表例である。

5-8
イレギュラー業務を削減する

イレギュラー業務とは、本来のあるべきルール、流れ、数量、時間、作業工程などが、何らかの理由により変更されたり、特別な対応が求められたりすることで、その発生は物流コストを上げる要因となっています。

▶ イレギュラー業務の発生源

欠品の対応は**イレギュラー**業務の代表的なもので、その要因は、在庫数量の不一致、納品遅れ、納品漏れなどに由来します。また、**誤出荷**でもイレギュラー業務が発生し、その要因は、入力ミス、ピッキングミスなどの業務レベルの不備に求められます。その他のイレギュラーでは、作業のやり直し、追加発注、作業開始待ちなどがあります。

▶ イレギュラー業務の選定と数値化

イレギュラー業務を削減するには、まずは本来のルールや約束ごと、基準に立ちかえり、どのような業務が変更され、特別対応となっているのかを把握します。そして、その発生原因を究明したうえで、イレギュラー業務の選定、数値化という手順が必要となります。選定については、①配送業務、②倉庫、センター内業務、③物流事故への対応の3つに大別します。そして数値化は、品名、得意先、担当者、発生事項、処理内容、要因などの項目によるフォーマットを作成し、日単位、週単位で記入し集計していきます。

イレギュラー業務を選定し、数値化する目的には次の3つがあります。

> ①見える化によりイレギュラー業務をイレギュラーとして認識。
> ②集計、分析結果にもとづく現場改善の推進。
> ③得意先や委託先との情報共有化によるコストの見直し、運営ルールの変更。

いままでは「当たり前」とされてきたイレギュラー業務を改善することで、**コストダウン**の大きな効果が生まれます。

イレギュラー業務を選定して数値化する

イレギュラー業務の要因分析フォーマット（例）

処理内容	要因	責任の所在	補足
欠品対応	在庫数量が合わない		棚卸誤差
	納品遅れ		
	商品不良		
	納品モレ		
	別商品振替		
	紛失		
	商品破損		
誤出荷対応	入力ミス		
	ピッキングミス（作業ミス）		ピッキングと検品人員が同じ場合
	検品モレ		ピッキングと検品人員が別の場合
事故品（不良品）対応	入荷時不良		
	破損		

イレギュラー報告							日付： 2005年1月1日
オーダーNo.	品名	得意先	担当者	発生事項	処理内容	要因	備考

アウトプットイメージ

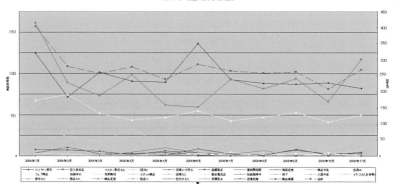

イレギュラー要因における月別推移

第5章　物流コストダウン10のポイント

5-9

ムダな在庫を削減する

在庫削減の観点から、ムダな在庫を処分することで眠っている在庫（資産）を収益化することができます。外部倉庫を利用している場合は、保管場所を省スペース化でき、保管料や入出庫料などの物流コストの削減につながります。

▶ デッドストック品を処分する

在庫削減に着手するには、まず**デッドストック**に注目します。このデッドストックとは、不動在庫、不良在庫などの死に筋在庫のことであり、在庫の中でも最も価値を生まない在庫のため処分することが得策です。処分については2つの課題があります。それは、どの在庫品をデッドストックと見なすのかという点と処分のタイミングです。

デッドストックとする在庫は、在庫数量や金額ではなく、**出荷頻度**（ABC分析）を基準に選定します。集計の結果、1年間動かない商品はデッドストックとして処分の対象とします。在庫商品が劣化しない業界でも「2、3年」の在庫期間で線引きをしているようです。また、デッドストックの処分は財務会計上、特別損失として扱われます。そのため、デッドストック品を処分するタイミングは、計画以上に収益が上がった場合か、それとは反対に、業績の悪化に対し負の一掃を図る機会が最適です。

▶ 在庫削減はアイテムとその数量の検討から

デッドストック品のように、一定期間出荷されないアイテムの入荷をやめ、新たな商品を加えることを改廃と言います。改廃を定期的に行うことで、「売れもしない商品を管理する」というムダな業務を根本からなくすことができます。

またアイテム数に関しては、営業サイドからの「顧客が時々発注するから必要」という要請により、いつの間にか増加していく傾向にあります。これは在庫数量についても同様で、**需要予測**と納品までの**リードタイム**を加味したうえで、**適正在庫**の設定と**発注点**を決めることがムダな在庫を抱えないポイントです。

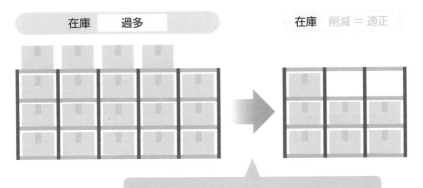

在庫の削減はコストダウンに大きく貢献する

在庫　過多

在庫　削減 ＝ 適正

適正在庫を維持するメリットは……

- 保管スペース(保管料)が減る
- 入・出庫作業(入・出庫料)が少なくて済む
- 流通加工作業(流通加工費)が少なくて済む
- 在庫金利が減る

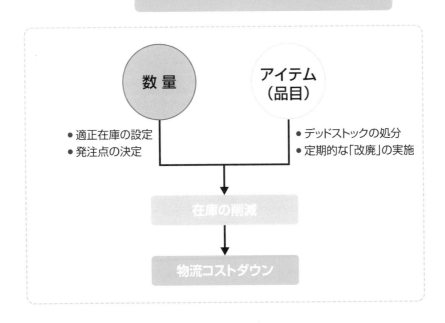

数 量

アイテム
(品目)

- 適正在庫の設定
- 発注点の決定

- デッドストックの処分
- 定期的な「改廃」の実施

在庫の削減

物流コストダウン

第5章　物流コストダウン10のポイント

5-10
支払い物流費を見直す

　顧客ニーズの高度化・多様化に伴い、過剰な物流サービスが習慣化する傾向にあります。荷主から支払われる物流費が一律であるにも関わらず、サービス条件のみがエスカレートすれば、コスト負荷を招いてしまいます。

▶ サービス内容や物量が基準

　荷主企業が物流会社を選定するにあたり、コンペを行うことがよくあります。その際、同じサービスレベルならより安価な見積りの事業者に決めるものですが、コストばかりを追求しすぎると「安かろう悪かろう」という結果を招きます。つまり、支払い物流費は、そのサービスの内容や条件に見合ったコストであって然るべきということです。

　また支払い物流費には、物流会社が協力会社に支払う輸配送車両のチャーター料金や倉庫の**保管料**などがあります。これらの料金が月間、年間の固定費の場合、保管量や出荷量の多い繁忙期にはメリットがありますが、閑散期にはコストアップとなります。

　そこで、ぜひ検討したいのが物流費の変動費化です。車両であれば、個建てや重量・件数当りなど業務量に合わせた料金体系で交渉でき、倉庫の場合も重量・パレット当りで保管料を設定することができます。

▶ ボリュームディスカウント

　物流費の交渉に関しては、一般的にボリュームディスカウントという契約条件があります。たとえば宅配貨物の配送を請け負う事業者では、契約件数に応じて単価を設定しており、多くの件数をもらうほど配送単価を下げることができます。

　それは物流センターの運営サービスも同様です。各地に分散した物流拠点を持つ荷主企業が、1拠点ごとに個別の物流会社と契約する形では、どうしてもコストがかさんでしまいます。これを**3PL**[*]のような幹事物流会社1社に一括して任せれば、ボリュームディスカウントが期待できますし、物流事業者との日々のやりとりを一元化することができます。

---

[*]**3PL** Third（3rd）Party Logisticsの略。荷主に対して物流改革を提案し、包括して物流業務を受託し遂行すること。

幹事物流会社の活用

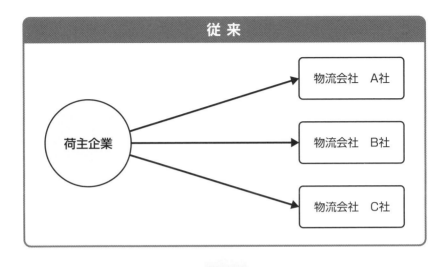

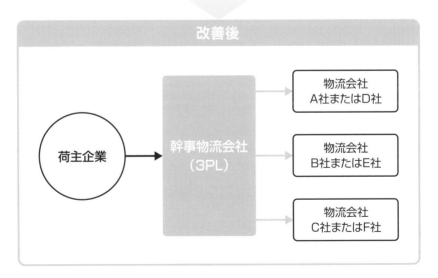

※年間支払物流費が1.5億から3億円クラスの（荷主）企業に特に効果が出る

MEMO

第**6**章

物流はどのような
管理を行うのか

　物流は一般的な経営管理と同様にヒト、モノ、カネ、情報、時間を基本とします。さらに細かく分類すると、物流コスト管理、作業の生産性管理、作業・業務の品質管理、サプライチェーンの機能性管理、人員体制管理、労働時間管理、安全管理、輸配送ルートとコスト・納品時間管理、システム管理、外注（委託先）のコスト・品質管理、法令遵守管理など、実に多岐にわたります。

　これらの仕事は本来、物流センター長、所長の現場責任者が担いますが、プレイングマネージャーとして片手間になっているケースが多く見受けられます。そのため「運営」については一定の習熟性の中で自然に遂行される反面、肝心の「管理」ともなれば未着手のままの企業も少なくないようです。

6-1
物流業務の見える化の手法

物流業務を見える化するには、情報システムを活用した作業の数値化およびデータ化が先決です。さらには目的に応じ、業務内容のフロー図化、業務実態の映像化といった4点がポイントとなります。

▶ 数値化とデータ化

物流業務の数値化の対象は、主にコストと品質があります。コストではトータル物流コストが代表的ですが、その他にも作業単位当りのコスト算出などがあります。品質では商品事故、**誤出荷**、**在庫差異**を数値化します。業務を数値化する際、伝票入力データや手作業で集計したデータが使用されますが、正確にデータを集計するには、これら従来のアナログ方式から情報システムを活用したデジタル方式に転換する必要があります。製品の**バーコード**をハンディターミナルでスキャンすると手作業よりもスピーディで正しい情報を収集することができます。

▶ フロー図化とマニュアル化

業務の流れや手順を**見える化**する方法としては、業務の押さえどころをフロー図に反映するとともに、マニュアルへの落とし込みが得策です。これらは主に、現場スタッフの教育、指導、現状認識の共有化を図る目的が大きく、全体像の把握に効果的です。引き継ぎ時などに用いる作業指示書、手順書の一部として現場スタッフが使用することも多くあります。

▶ 映像化

セキュリティにおける作業チェック、もしくは物流センターから離れた本社との間で返品処理などに対応するには、時間の整合性や現物確認といったリアリティが重要なポイントとなります。これを効果的に行うための手法として、最近はビデオカメラによる映像化も積極的に取り入れられています。マニュアル化する際、物流業務の動的な特性から文書化するよりも、ビデオ撮影による映像化によって、習得性の効果が絶大に向上します。

物流業務を見える化する４つのポイント

1. 業務を数値化する

基礎データ 物流業務構成比	4月 物流コスト	5月	合計	月平均	構成比率
人件費 現場人員(名)					
管理者	408	410	5,502	466	
男子社員	434	391	3,901	325	
女子社員	302	283	3,541	295	
パート・アルバイト	302	452	6,181	513	
小計	1,846	1,516	19,195	1,600	34.55%
配送費 支払運賃(チャーター)			55	5	
支払運賃(路線便)	204	361	6,307	526	
支払運賃(メール)		16	582	49	
支払運賃(定額) 加工先請求分	23	28	307	26	
小計	227	405	7,251	604	13.05%
加工費 外注加工費(A商品)	141	300	3,905	325	
外注加工費(B商品)	182	172	1,570	131	
外注加工費(C商品)			1,612	134	
材料費(社内)	275	310	3,714	310	
材料費(社外) 梱包・包装・資材	44	14	119	10	
小計	642	796	10,920	910	19.65%
保管費 自社保管料	100	100	1,744	145	
自社倉庫費	513	513	6,156	513	
倉庫内機器費	488	488	5,856	488	
リース料	54	54	640	54	
在庫金利 0.15%	70	76	1,622	135	
小計	1,225	1,231	16,026	1,336	28.8

2. 情報システムでデータ化する

3. フロー図に反映する

マニュアル化

4. カメラ、ビデオなどで映像化する

見える化

6-2
コスト管理で見える化を実現する

第3章で「トータル物流コスト」について述べましたが、これは荷主企業での全体コストをあらわしたものです。物流管理において、輸送や保管、さらにはセンター運営ごとのコスト管理が不可欠です。

▶ トータル物流コストだけがコスト管理ではない

第3章で**物流コスト**について解説しました。ここでは物流を必要とする荷主企業の物流コストについて項目別に見ていきましたが、意外に自社のトータル物流コストの算出ができていない企業が多くあるようです。いえ、そればかりか、自社の物流の全体像さえ見えていないケースも見受けられます。

この展開として、事業所別、事業部別の部署といった部署展開、得意先別、製品・商品別、物流拠点別、国・エリア別があり、大きな組織ではさらに細分化することで物流の課題や問題点が見えてきます。現場レベルでは、1梱包当りの運賃、出荷1件当りの庫内作業費といった**作業コスト**を管理することもあります。

そのほか、運賃における重量（Kg）当たりの単価、段ボール1ケース当たりの単価、資材購買における段ボール1枚当たりのコスト、パレット1枚当たりのコストなどの細かな単価管理を行います。

▶ 自社配送、輸送会社でのコスト管理法

中小メーカーや卸売業での自社配送、もしくは運送会社における**コスト管理**の1つに**車両別原価管理**があります。これは**人件費**、燃料、油脂費、車両費、タイヤ・チューブ費、**修理費**、高速代、管理費等で構成され、一般的に車両原価の約50%は人件費によって占められています。これらの発展形として日別車両別原価があり、**作業コスト**では1時間当りの人件費が主となります。

購買では軽油コスト、タイヤ1本当たりのコスト、荷主企業と同様にパレット1枚当たりのコストなどの単価を管理します。軽油と車両単価については、購入規模によるバラつきが大きく、輸送損益にも少なからず影響します。

▶ 倉庫・センター運営会社でのコスト管理

　保管、流通加工を主な業務とする倉庫や物流センターの運営会社では、輸送会社のコスト管理と大きな違いがあります。その特徴は次の3点です。

---

①倉庫設備の償却費が大きい。

②輸配送は別会社か他社に外部委託（傭車）している場合が半数ほどで、外注輸送費としている。

③パート・アルバイトの人件費、派遣の外注費の割合が高い。

　このように物流におけるコスト管理では、荷主企業とその業務を受託する物流事業者とでは重点管理項目の内容に大きな違いがあります。さらにどのコストを改善するのか、どの業務レベルまで管理を行うかによっても対象項目が変わってきます。

車両別原価管理でコストを見える化する

東京営業所	車両番号	No.001	No.002	No.003	No.004	No.005	No.006	No.007	No.008	合計
	ドライバー	山田	吉田	田中	三井	森	鈴木	中島	林	
営業収益		1,156,540	805,082	1,042,235	1,108,514	1,065,864	739,937	962,221	892,175	7,772,568
営業費用		838,816	795,424	817,407	768,502	768,186	721,029	690,617	674,738	6,074,718
運送原価		746,293	731,017	734,028	679,821	682,917	661,834	613,639	603,364	5,452,913
	車両費	99,359	57,622	106,173	86,436	119,588	104,665	78,606	109,008	761,457
	人件費	370,826	374,761	378,116	294,352	323,233	311,566	310,181	289,592	2,652,627
運行三費	燃料油脂費	118,676	142,670	120,289	158,497	118,889	104,561	125,422	105,642	994,646
	修繕費	106,428	106,020	94,742	101,758	85,537	110,476	60,876	60,986	726,823
	タイヤ・チューブ費	11,245	11,247	11,929	8,177	9,865	8,212	9,496	10,949	82,431
	その他	38,448	38,697	22,779	30,601	25,805	22,354	29,058	27,187	234,929
売上総利益		410,247	74,065	308,207	428,693	382,947	78,103	348,582	288,811	2,319,655
売上総利益率		35.5%	9.2%	29.6%	38.7%	35.9%	10.6%	36.2%	32.4%	29.8%
一般管理費		92,523	64,407	83,379	88,681	85,269	59,195	76,978	71,374	621,805
営業損益		317,724	9,658	224,828	340,012	297,678	18,908	271,604	217,437	1,726,774
営業利益率		27.5%	1.2%	21.6%	30.7%	27.9%	2.6%	28.2%	24.4%	22.2%

同表の各種データをカレンダー形式で毎日算出・集計すれば、日々の車両別損益を出すことができます。

6-3
生産性・作業スピードを管理する

物流管理の中で最も重要視される「コスト」については、支払いコストと社内コストに分けることができます。生産性の向上は社内コストを下げ、支払いコストの最小化につながる最大のポイントです。

▶ 生産管理はコストダウンに直結する

物流管理ではコストと品質が2大テーマであり、業種、業態によってはリードタイムやサービスを付加する必要があります。そのなかでも最重要視されるコストについては、支払いコストと社内コストに大別されます。

生産性の向上は社内コストを下げ、支払いコストの最小化につながります。生産性は1人当り、1時間当たりの作業量（個数、伝票行数など）をあらわします。

▶ どうすれば生産性が上がるのか

生産性は1人当り、1時間当りの作業量（個数、伝票行数など）を示します。作業環境、手順・方法の理解、目標の設定、信賞必罰の評価システムが生産性向上のカギです。

その中でも改善効果の高い作業環境では、①体に負担をかけず、素早く、簡単にモノを格納、出庫できるロケーション、②作業のために歩く動線が短くて済むレイアウト、③ケガなく安全にスピーディな作業ができる備品と器材、④休憩時間、昼休みがきちんと取れる休憩室、⑤作業の低下を招かない照明と空調設備、⑥通勤における時間、手段などの負担軽減、⑦必要なときに休みが取れる勤務シフトなどが整備項目です。

▶ 「6つのない」で生産性を上げる

現場改善における作業指針として「**6つのない**」があり、これは**生産性**の向上策として用いられています。それは、「持たせない」「書かせない」「歩かせない」「待たせない」「考えさせない」「探させない」です。

これには最もムダのない作業性と現場スタッフの作業軽減という2つの狙いがあ

ります。2番目の「書かせない」は、記入間違いなどの人的ミスを防ぐ業務品質向上にも活かされています。

生産性のチェックに用いられる指標

出荷効率を判断する指標として「**ピッキング**（または出荷）効率」があり、ピッキングスタッフが一定時間内にピッキングを行う伝票行数を表します。ここでは、1分当り2行といった数値が出てきます。

また、エリア別の**生産性**を判断する指標として「エリア別出荷効率」があり、センター、倉庫内のエリア（ゾーン）ごとの1人当りの出荷数量を表します。雑貨ゾーン1人当り400行といった数値になります。

生産性を上げる作業効率指標

評価の対象	指標項目	内容	指標の単位	計算式
要員の出荷効率を判断する指標	ピッキング効率	ピッキング担当者が一定時間内にピッキングを行う伝票行数	データ行数	出荷データ行数／ピッキング時間
エリア別の生産性を判断する指標	エリア別出荷効率	エリアごとの1人当りの出荷数量	データ行数	出荷データ行数／エリア別投下人員
ルート別の配送効率を判断する指標	対売上運賃比率	ルート別の売上金額に占める支払運賃の比率	円	ルート別支払運賃／ルート別売上金額×100

6-4
業務品質を管理する

他の業界・業種と同様に、物流においても「コスト」と「品質」のバランスが重要です。コストダウンの取り組みを行う企業が多い中で、どの程度の「品質」を維持するかが大きな課題となっています。

▶ どうすれば品質を向上できるか

コストと品質はトレードオフの関係にあり、**コストダウン**や**生産性**の向上を追求しすぎると、「安かろう、悪かろう」といった結果を招きます。そこで、業務の品質向上・維持への取り組みについては、社員や現場スタッフへの教育、チェック体制の強化、業務のシステム化および自動化、トラブルやクレームのフィードバックとその防止対策の実行が主にあげられます。

その他業務の内容では、マニュアルの作成、現場チェックリストの活用、作業の前・後工程を表す作業フロー図による全体像の把握、棚番地の明確化、照度のアップ、伝票印字の拡大による見間違いの撲滅、貼り付け（集合した製品につける大きな印）の明確化、音を立てない作業の徹底などがあります。

▶ 品質のチェックに用いられる指標

物流精度を評価する指標として**在庫差異**率があり、コンピュータ上と実地**棚卸**の商品在庫数、金額との差異の割合を表します。物流センターの出荷精度を評価する指標では**誤出荷率**が主に用いられ、納品・検品ミスによる品違い、数量相違、出荷漏れが発見された商品の割合を表し、ここで指標の単位となるのが各々の伝票データ行数になります。そのほか、品ぞろえの状況、受注精度を評価する指標があり、**ヒット率**は在庫として品ぞろえできている商品の割合、誤受注率は受注ミスにもとづく出荷の割合を表し、いずれも指標の単位はデータ行数になります。

さらに、配送業務の品質を表す指標として、納品先を間違えて配送した配送先件数の割合を示す「誤配送率」、約束の時間より一定の許容範囲を超えて納品した配送先の割合を示す「遅納（延）率」、そして、配送途中において荷崩れや落下などの商品事故の件数を示す「事故件数」などがあります。

物流品質指標の設定

評価の対象	指標項目	内容	指標の単位	計算式
全体的な物流精度を評価する指標	1.在庫差異率	実地棚卸とコンピュータ上の商品在庫数・金額との差異の割合	①アイテム数 ②金額	差異アイテム数(金額)／在庫アイテム数(金額)×100
品ぞろえの状況を評価する指標	2.①ヒット率	在庫として品ぞろえできている商品の割合	データ行数	在庫商品のデータ行数／受注データ行数×100
	②品切れ率(在庫品)	在庫品のうち出荷当日に在庫がなくなった商品の割合		在庫品品切れ受注データ行数／在庫品受注データ数×100
	③品切れ率(全品)	出荷当日に出荷できなかった商品の割合		当日出荷データ行数／当日出荷受注データ行数×100
センターの出荷精度を評価する指標	3.①誤出荷率	出荷検品で品違い、数量相違、出荷漏れが発見された商品の割合		誤出庫データ行数／受注データ行数×100
	②誤出荷率	納品検品やクレームにより品違い、数量相違、出荷漏れが発見された商品の割合		誤出荷データ行数／受注データ行数×100
受注精度を評価する指標	4.誤受注率	顧客の注文を間違って出荷の手配を行った商品の割合		誤受注データ行数／受注データ行数×100
配送精度を評価する指標	5.誤配送率	納品先を間違えて配送した配先件数の割合	納品先件数	誤配送発生納品先件数／全配送納品先件数×100
	6.遅納品率	約束の時間より一定の許容時間以上前後して納品した配送先件数の割合		遅納発生品先件数／全配送納品先件数×100

第6章 物流はどのような管理を行うのか

6-5
サプライチェーンを管理する

サプライチェーンでの管理ポイントは、最適な「コスト」「品質」「リードタイム」の3点です。その推進には、輸配送や在庫、調達、販売、回収までを情報システムによって一元管理し、各社のムダを一掃することです。

▶ SCMに適した企業

サプライチェーン・マネジメント（SCM）は、どのような企業でも展開できるわけではなく、ある程度の条件が整った企業に適しています。

その条件とは、①親会社・子会社の関係にある企業、②財閥系など大手系列となる企業同士、③圧倒的主導権を持つ大手完成品メーカーや大手小売業とその部品、商材を供給する企業、④売上の大半が供給先1社で占められている協力会社、⑤**SPA**（製造小売業）のビジネスモデルを展開するサプライヤーの数が少ない企業、⑥メーカー・卸・販売までの1つの製品カテゴリーの物流を一括して請け負っている物流事業者、などです。

▶ サプライチェーンの何を管理するのか

SCMは、「コスト」「品質」「**リードタイム**」を管理することが基本項目ですが、複数の企業が連携しているため、各企業の在庫量、**発注点**、発注頻度と発注ロット、リードタイムなどの情報を共有化するには**情報システム**の導入が不可欠です。さらに部品、資材などの**欠品**や在庫が滞留することのない最適なフローを構築するには、各企業の発注締め切り時間や入荷受入れ時間、物流拠点管理などの物流ルールの擦り合せ、調整が必要となってきます。

したがって、**サプライチェーン**を管理するためのポイントとして、①対象とする製品と企業、②統一した物流ルールの決定が必要となります。**コスト管理**では全体的な視点から輸配送ルートのムダ、保管スペースのムダや重複拠点、重複業務によるムダなどを抽出することで**コストダウン**につなげることができます。しかし、諸事情を抱える各企業の現場に統一ルールを適用することはきわめて難易度が高く、多くの課題が残されています。

サプライチェーン・マネジメント（SCM）の展開ステップ

※各ステップともに ⟷ の工程は物流事業者が担う

STEP - 1	STEP - 2	STEP - 3
仕入れ先 （完成品）	一次サプライヤー （半成品）	二次サプライヤー （部品・素材）
⇕	⇕	⇕
自社	仕入れ先 （完成品）	一次サプライヤー （半成品）
⇕	⇕	⇕
販売先	自社	仕入れ先 （完成品）
	⇕	⇕
	販売先	自社
		⇕
		販売先

SCMの定義について、マサチューセッツ工科大学のD・スミチ・レビ教授は「供給、生産、倉庫、店舗を効率的に統合するための一連の方法であり、適切な量を、適切な場所へ、適切な時期に、生産・配送し、要求されるサービスレベルを満足させつつ、システム全体の費用を最小化することを目的としたもの」と説明しています。

6-6
適正な人員数と役割分担を管理する

物流センターの最適な人員数を決めるには、「コスト＝採算性」と「作業の進捗管理」の2点からアプローチするとともに、適材適所を考慮した現場スタッフの役割分担が大きなポイントとなります。

▶ 適正な人員数を決める

「コスト＝採算性」から見た場合、物流センターの**人件費**は、一般的に物流のトータルコストの50%以下で利益が出ると言われます。あるいは、非正規社員（パート・アルバイト）100名に対して1名の社員もしくは管理者という人員設定を行っている会社もあります。また人員1人当りの出荷伝票の処理行数は、1分当り平均3〜6行ぐらいが目安とされます。さらに物流センターでの非正規社員の構成比率は、80%〜90%に設定しなければ利益が出ないとされます。

「作業の進捗管理」については、繁閑期の物量の差や作業の進捗状況によって、必要な人員数にもバラつきが発生するため、現場の管理者が適正な人員数を1時間〜半日単位で設定し、業務内容と業務量に応じて調整します。これを**レイバーコントロール**と呼んでいます。

▶ 役割分担を決める

役割分担には大きく業務（TASK）、作業（WORK）があります。基本的に業務（TASK）は管理職が行い、作業（WORK）は一般社員、パート・アルバイト、派遣スタッフが行いますが、繁忙期には管理職も作業（WORK）を助けることもあります。また、現場作業レベルでは役割分担を明確にしすぎるとかえって応援作業ができなかったり、休みを取れなくなったりするため、多能工化や多能班化によって1人もしくは1つの班が3つ以上の職種に対応することで、人員の効率化や利益化に努めます。

あるいは、「パートによるパートのためのパート管理」という考え方から、パートリーダーや班長に他のパートの指導、教育、出勤シフト管理、作業手順管理など

を任せるケースも見られます。この場合、判断・予測・計画・調査・分析等が必要な業務、トラブルやクレーム対応は管理職が行い、その他の業務はできる限り非正規社員へシフトさせることで、総人件費の割合を低く抑える努力をしています。

役割分担表（酒類卸の事例）

【配送】	パート・アルバイト化する業務	将来的にパート・アルバイト化する業務	社長レベルの業務
納品票・ピッキングリスト受け	○		
ピッキング	○		
検品	○		
積み込み	○		
得意先への発送予定時間の連絡（TEL）	○		
コース確認		○	○
伝票確認（製品・数量）	○		

【受注】			
TEL受注の対応		○	
FAX受注の確認		○	
EOS受注の確認			○
TEL受注の伝票記入		○	
得意先への受注確認連絡		○	
受注伝票の入力		○	
緊急出庫要請の報告・相談			○

6-7
適正な在庫数量・発注点・差異を管理する

適正な在庫は欠品を防ぎ、売上拡大に貢献する反面、過剰および不良在庫は資金繰りの悪化を招きます。安全かつ適正な在庫管理は、事業の成否を決めるほど重要な業務と言えるでしょう。

▶ 在庫管理とは何か

物流から見た**在庫管理**には次のようなものがあります。①在庫量、②在庫品目数、③在庫金額、④**在庫回転率**（日数）、⑤在庫面積、⑥在庫保管コスト、⑦よく動く在庫（アクティブ）、時々動く在庫（スリーピング）、ほとんど動かない在庫（**デッドストック**）のランクづけ、⑧PC上の在庫数量（金額、品目数）と実地**棚卸**による数量（金額、品目数）との差異、⑨期限切れなどです。これらの点を考慮しながら、営業や生産部門とともに**適正在庫**と**発注点**および**補充点**を決定します。

▶ 在庫管理における課題と対策

在庫管理に関わる主な課題として、①在庫責任の所在部署が曖昧、②メーカーにおける生産端数の処理方法が明確でない、③現場での在庫に対する意識の低さなどがあります。これらの対策にあたっては、在庫管理専門部署の設置、在庫コントローラーやアナリストの選任による在庫管理の特化、ヒトに頼らない入・出庫および在庫管理システムの導入などがあります。

▶ 安全在庫と発注点の設定

在庫は「よく出る製品は常に品薄で、出ない製品は過剰気味」という企業が多く、これは在庫管理が単品レベルにまで至っていないことを表しています。したがって、製品別の**適正在庫**と**発注点**を設定し、常に管理する必要があります（右ページの図表を参照）。なお、**在庫差異**をなくすためには、①入荷・出荷の正しい把握と入力、②ロケーションルールの明確化、③仕入・出荷・カウントミスの撲滅、④盗難、破棄品の報告の徹底と監視体制の強化などがあります。

定量発注方式（発注点管理方式）

発注点法による在庫管理

● 発注点法で必要な数値 … **発注点**

在庫がこの数値を切ったら経済的発注量で発注する

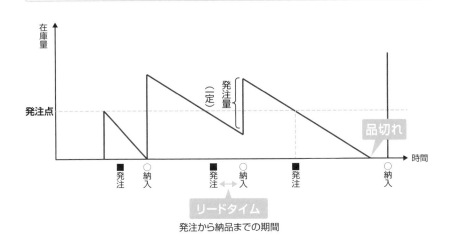

安全在庫／発注点／発注量の算出方法

安全在庫量 ＝（調達リードタイム−1日）× 1日平均出荷数

発注点 ＝（調達リードタイム−1日）× 1日平均出荷数 ＋ 安全在庫

発注量 ＝（発注サイクル＋調達リードタイム−1）× 1日平均出荷数
− 現在の在庫残 − 現在の発注残 ＋ 安全在庫

理論在庫と実在庫が一致し、
在庫管理精度が伴わなければ機能しません！

6-8

輸配送のルート・コスト・納品時間を管理する

輸配送はいわば物流の最終ランナーです。輸配送ルート、納品時間、ドライバー教育、安全運行等の管理がしっかりできていないと、物流の全てが台無しになってしまいます。

▶ 輸配送管理の種類と内容

①輸配送ルート管理

　幹線輸送やルート配送などにおいて、指定時間内に安全かつ確実な到着と納品を行いつつ、走行の距離と時間、高速料、燃料代を最小化するように管理します。**特積会社**（路線会社）や一般配送を行う企業では得意先や納品先数の増減、物量の増減によって定期的なルートの見直しが必要となります。

②発着時間管理

　納品先の時間指定に対し、出発、到着の時間を管理します。コンビニなどの店舗配送では店別に納品時間が定められており±15分の時間枠が設けられています。

③ドライバー管理

　ドライバーの出退勤時間、体調および健康状態、休日の確保、飲酒チェック、運転免許証の有無と点数、業務内容、納品先数、物量に応じた人員の確保などを管理します。

④車両管理

　燃料、オイル、ブレーキ、タイヤなどの出発前点検、走行距離および積載量（率）に関する数値管理、車検やリース期間の満了、台替えなど、車両に関わる管理を行います。

⑤安全管理

　対物対人事故や輸送物の商品事故を未然に防ぐための管理業務です。

▶ 輸配送管理の応用方法

　上記の管理を行っても、月や週、曜日によって物量の増減（**波動**）が発生することで、車両が不足したり、余ったりすることがあります。そのため、備車を活用し、

自社便とのルートの切り分けを行います。また、外食、コンビニ、大手小売業向けの365日24時間態勢の配送業務では、1台の車両に2～3名のドライバーを配置するシフト作成が必要となります。

　そのほかにも、幹線輸送での帰り荷の確保、不採算ルートでの荷物の積み合わせ、業務量、納品時間に応じた高速道路使用の判断など、輸配送管理の範囲は多岐にわたりますが、それだけさまざまな組み立てが可能なことも特徴です。

運行管理の主要項目

運行管理

実車率	稼働率	積載率
荷主管理	乗務員管理	車両管理

ドライバー教育のポイント

ドライバーの心得と責務

❶ 挨拶：自発的に実施
❷ 服装：サービス業としての
　　　　身だしなみ
❸ 安全：無事故
❹ 確実：延着なし
❺ 正確：荷物事故なし
❻ 誠実：クレームなし

ドライバーの教育・研修

❶ 朝礼　　　　❺ 個別面談
❷ ミーティング　❻ 同乗研修
❸ 新人研修会　❼ 小集団管理
❹ 定期研修会　❽ 個別指導

6-9
物流情報システムの運用を管理する

導入した情報システムが実際の作業手順や業務フローにマッチしているか、システムの不具合により待ち時間や人的対応などのムダが出ていないかなど、システムの運用の検証は大事な管理項目です。

▶ システム管理のポイントとトラブル例

システム管理はフィット＆アップのほか、導入の費用対効果としての効率化やムダ取りがどれだけ実現できているかがポイントです。しかし、最初に注意していただきたいのは、あくまでも本来の業務ありきのシステム運用であり、システムに業務を合わせたのでは本末転倒です。したがって、変化する業務や状況に応じたシステムのカスタマイズも必要となります。

とは言え、システムを現場の業務に合致させることが困難な場合もあります。たとえば、①伝票発行のスピードが遅い、②入力情報が多様かつ煩雑、③操作が難しい、④画面や伝票などが見づらい・使いづらい、⑤システム開発者の辞職で問題発生に対応できない、⑥導入効果が出ずに投下コストを回収できない——こうしたトラブルがシステム管理にはつきものです。

▶ トラブルを最小限に抑えるには

トラブルやリスクを最小限に抑えるには、システム会社任せではなく、発注者が運用の当事者意識を強く持つことに尽きます。具体的には、①システム導入の詳細目的の確認、②実際に操作をする現場スタッフの十分な理解、③基幹システムにつながない独立システムの選択、④トライアル期間の十分な設定などで、導入後のシステム導入効果は、基本設計や開発の段階で決まると言っても過言ではないでしょう。しかもシステムは、物流施設が発揮するスペックを大きく左右します。物流センターの立ち上げ時に「期待した能力をまだ発揮できていない」という話をよく聞きますが、トラブル要因の大半は、実業務に対するシステム設計・構築の不備によるものと思われます。

「何のために必要か？」を考える	作業効率向上	作業能力向上、少人数化、横持ち作業の低減
	業務の標準化	パート・アルバイトの採用
	保管効率向上	保管・出荷の作業性を高める
	管理レベルの向上	情報の一元化、商品の安定供給、欠品率の減少、コストマネジメント
	正確性向上（ミス率の減少）	荷主および顧客の要求
	労働力不足対策	自動化、省力化、作業環境の改善、労働力不足に対応した省人化、残業時間の短縮
	サービス向上	リードタイムの短縮、迅速なクレーム対応、納期厳守
	経済性（コスト削減）	トータルの物流コストを下げたい
	生産性向上	出荷スピードを高めたい

「何のために」という思考を繰りかえし、導入目的を明確にする
→「現場」と「環境」の現状問題・課題の把握が必要不可欠となる

荷主における物流と情報システム

対得意先システム	受注システム、営業支援システム
社内物流システム	入荷・出庫システム、出荷システム、在庫管理システム、発注システム
その他の社内システム	基幹システム（経理・人事システムなど）

システム管理の重点ポイントは次の4点です。
①実際の業務フローとシステム機能が合致していること
②システム導入の費用対効果が得られていること
③システムに振り回される業務体制にならないこと
④要件の変化に応じてカスタマイズされていること

6-10
アウトソーシング先のコストと品質を管理する

アウトソーシングを有効な経営戦略とする企業では、外注先の管理は重要なマネジメントの1つです。特にコストと品質に関しては、委託先任せではなく共同改善や互いの教育・育成を基本とした管理が必要です。

▶ 外注先に対する管理内容とその手法

物流の**アウトソーシング**先に対する管理では、①外注先における自社に対する売上構成比（依存度）、②後継者の有無、③コスト低減、品質向上、事故・安全対策のための取り組み事項、④**コンプライアンス**（法令遵守）の状況、⑤社員教育の内容などがあります。

またパートナーシップの理念のもとに、外注先各社との間で協力会を組織している企業も多く見受けられます。この協力会では、定期的な会議の開催や合同勉強会の実施、ISO9000などの取得サポート、品質指標導入による定例会議での公開評価などが主な活動内容となります。そして日々の実務では、現場責任者や担当者との報告・連絡・相談の徹底が重視されます。

▶ 最良のパートナーを発掘する

外注先は自社成長の強力なパートナーです。パートナー企業の育成法として、まずは既存取引先の育成がありますが、もう1つは物流コンペで既存企業、新規企業、第三者からの推薦企業の中から新しくパートナーを選ぶ方法もあります。コンペの場合は、他の物流事業者の情報収集が十分ではない大手企業には適しており、一次書類選考、二次選考、最終選考と段階的に進め、提案書、見積書などの書類と現場視察、実績、取り組み姿勢などの内容を重要な選考基準とします。

この査定には運営開始から1か月程度の経過を見なければならないため、複数社でのトライアル期間を設ける場合も少なくありません。最良のパートナーを選ぶには、委託側企業の情報開示と長期的取引メリット、そしてコストのみならず提案内容にも重点を置く必要があります。

自社備車売上における構成比と備車先の自社構成比の検証

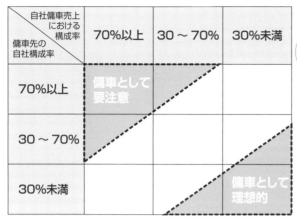

POINT

自社の備車率が高い、もしくは荷主1社への依存率が高い場合、お互いに大きなリスクとなるため、適度に分散することが理想的です。

第6章 物流はどのような管理を行うのか

外注先物流事業者の評価表

評価項目	内容	評価(点)				
		満点	●●●●	●●●	●●●●	
1. 業務品質	①提案内容の具体性・実現性	5	2	1	0	●●●
	②物流品質指標	5	0	2	0	●●●
	③視察倉庫での商品取り扱い状況	5	5	2	4	●●●
	④サービスレベル	5	4	3	4	●●●
	小計	20	11	8	8	
2. 業務運営	①倉庫内業務の提案内容の具体性・実現性	5	4	0	3	●●●
	②配送業務の提案内容の具体性・実現性	5	2	1	3	●●●
	③類似商品の取り扱い実績	5	5	5	5	●●●
	④視察倉庫の運営状況	5	3	2	2	●●●
	小計	20	14	8	13	

MEMO

第7章

物流センターの しくみ

物流センターは単に車両の出入りがあり、商品の入・出荷が発生し、人が作業を行い、在庫を置いているだけの施設ではありません。物流は経営活動の最終工程を担っているだけに、より精度の高い運営が求められます。また、業種・業態によってそのしくみが異なっている点は興味深いところです。

そこで第7章では、物流センターの種類の説明をはじめ、企業が物流センターをつくる理由、さらには、メーカー型物流センター、卸売型物流センター、小売型物流センター、緊急品供給センターなど、業態に応じた物流センターの特徴を解説します。その他にも物流センター運営のポイントや理想的な物流センターの定義、物流センターに必要な情報システムとその開発のタイミングについても触れてみたいと思います。

7-1
物流センターの主な3つの種類

物流センターは大きく分けて3つの種類があります。通過型のトランスファーセンター（TC）、在庫型のディストリビューションセンター（DC）、流通加工・在庫型のプロセス・ディストリビューションセンター（PDC）です。

▶ TC（Transfer Center）

TCはメーカーや**特積会社**が仕分けや積み替え作業などの**クロスドック**を行うための物流センターです。ここに入荷された商品は基本的に在庫・滞留させることなく、迅速に仕分けて次の納入先へ輸送します。センター内では商品に対する作業は最低限に抑えられ、設備も至ってシンプルなものです。

▶ DC（Distribution Center）

DCは商品を保管・在庫し、オーダーに応じて出荷するタイプの物流センターです。出荷指示に従い商品の数量の**ピッキング**、**検品**、**梱包**等を行い、納期に間にあうよう出荷します。

在庫型センターという特徴から、**出荷頻度**に合わせた保管レイアウト、ロケーションを工夫することで、作業動線を短くしムダをなくします。また**在庫差異**を防ぐために、**入出荷検品**、定期的な**棚卸**、ピッキングミス防止に取り組んでいます。設備はラック、伝票発行等の端末、快適に働くための空調や休憩室、作業軽減のためのローラー、自動機器などが備えられています。

▶ PDC（Process Distribution Center）

PDCは食品スーパー、電機業界などで導入されるセンター形態です。パッキングやラベル貼りなどの比較的簡易な**流通加工**はDCでも行われますが、PDCは鮮魚や精肉の加工、部品の組み立て、設置など準工場化された機能とDC機能を併せ持った点が特徴です。防塵、**温度管理**、生産ラインなどが備えられ、多くの作業工程と非正規社員の労働力を必要とします。

3つの物流センターの特徴

●TC（トランスファーセンター：通過型）

入荷　出荷

●DC（ディストリビューションセンター：在庫型）

入荷

出荷

部品・商材　検品・梱包・棚卸

●PDC（プロセスディストリビューションセンター：流通加工・在庫型）

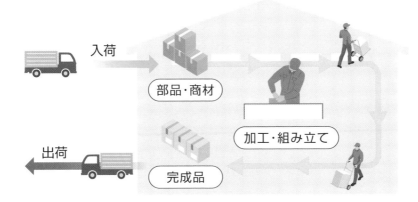

入荷

部品・商材

加工・組み立て

出荷

完成品

第7章　物流センターのしくみ

7-2

企業が物流センターをつくる理由

メーカーや商社等の企業では、なぜ物流センターが必要なのでしょうか。一番の
理由は、商品の発注から納品までの流れをスムーズにするためであり、物流センター
にはその企業の事業戦略が反映されています。

▶ 企業における物流センターの必要性

企業や荷主にとって物流センターの設立・運営にはさまざまな狙いがあります。
たとえば、最適な立地を選定することで発注から納期までの**リードタイム**を短縮
する、売りたい製品を欠品させない、物流を一元管理することで物流品質、在庫
精度を高める、**サプライチェーン**を統制・管理するための戦略拠点を必要とする
などが考えられます。いずれにしても、物流センターは顧客サービスの向上や販
売促進、さらには物流に関わるコスト削減（収益性の向上）に直結することから、
多くの企業では戦略的に運営されています。

ではもし、自社の物流センターをつくらないとしたなら、他にどのような方法が
あるでしょうか。物流会社のセンターに委託する、顧客の物流センターを活用さ
せてもらう、共同配送などの物流インフラを活用する手段もあります。

▶ 物流センターをつくるために用意するもの

自社で用意しなければならないのは、物流センターを管理・オペレーションする
スタッフのみと言って良いでしょう。物流センターをつくるための土地や建物は倉
庫会社を含めた物流会社から貸借することができます。またセンターの運営につ
いても、センター運営を得意とする物流会社や作業請負会社に委託することがで
きます。

そのほか、物流に必要な**情報システム**は、出荷指示情報が間違いなく正確に送
ることができれば、多くは物流会社のほうで運用できます。注意点として「管理」
は自社、「運営」は外部という線引きを誤らないことです。このように物流センター
の開発は物流会社に任せることが容易にできますが、自社の戦略に対応できるパー
トナー物流会社の発掘と物流ルールの策定が必要です。

物流センターの必要性を考える

販売する製品・商品を顧客の
注文に応じて受注から納品ま
での流れをスムーズに届ける

それぞれの拠点から出荷
せず顧客注文はできるだ
け一括して納品する

最適な立地を選定する事
で発注から納期までのリー
ドタイムを短縮する

物流を一元管理
することで物流
品質、在庫精度
を高める

サプライチェー
ンを統制・管理
するための戦略
拠点

物流業務を集約
してコストを下
げる

作りたい・売り
たい製品・商品
を欠品させない

従来の入荷、出荷、配送では顧
客のニーズにコスト、品質、
サービスの面で対応できない

製品・商品の生産に必要な
部品や資材を最低限の在
庫で持っておく

仕入量が多くなったため、物流
センターでセンターフィーを徴
収することによって利益を出す

7-3
メーカーの物流センターの特徴

メーカー物流の特徴は、通過点や在庫拠点を設けない直送体制にあります。その
ため物流センターとして機能する施設の多くが生産工場に隣接しており、ここで製品
を在庫し、出荷、輸配送します。

▶ いまや在庫負担はメーカーの仕事

在庫拠点を持たないことがメーカー物流の特徴ですが、最近は卸や小売でも極
力在庫を持たない傾向から、主な在庫拠点はメーカーの工場となっています。そ
のため、メーカーの物流センター（拠点）では、小口ロットの出荷や緊急出荷、エ
ンドユーザーへの直送といった業務がいままで以上に求められ、工場での物流は
土日も対応する企業も珍しくありません。

▶ メーカーの物流センターに在庫されているモノ

メーカーの物流センターにはそのまま顧客に出荷できる状態にある完成品のほ
か、生産に使用する原料や資材などが置かれており、これを「資材庫」と呼んで
います。同様に生産工程で必要な部品を保管する場所を「部品庫」と呼んでおり、
生産ラインの近辺に設置されています。また、リサイクル利用のための返品もメー
カー側に戻され保管されています。

▶ メーカーの物流センター施設

メーカーでは物流センターと呼ばず出荷場や出庫スペースと称しています。こ
の呼称からもわかるように、元々物流施設としてつくられた建物ではなく工場の一
部として構成されているため、一見して生産施設と物流施設の区別がつきません。
別棟で物流センターを持っているメーカーもありますが、これは大半が生産施設
の跡地を利用したもので、天井高が低い、支柱が多い、排気筒が張りめぐらされ
ているなど物流には不向きの施設が多いため、現場での業務手順の改善によって
物流に対応した工夫を施しています。

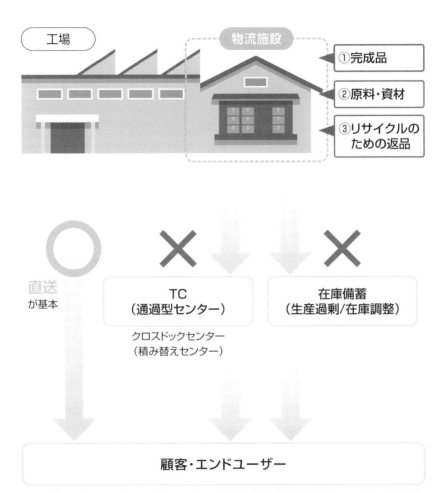

メーカーの物流センターは工場と直結している場合が多い

工場

物流施設

①完成品

②原料・資材

③リサイクルの
ための返品

直送
が基本

TC
（通過型センター）

クロスドックセンター
（積み替えセンター）

在庫備蓄
（生産過剰/在庫調整）

顧客・エンドユーザー

※イレギュラーなケースとして、一部のメーカーでは積み替えのためのTCを持っていたり、生産過剰、
　在庫調整のためのセンターを持っていたりすることがありますが、いずれもコストアップや過剰在庫
　の容認といった意見があり、廃止、削減の方向にあります。

7-4
卸売業の物流センターの特徴

大手の卸売業では、全国各地をカバーする1万坪クラスの大規模な物流センターを構え、中小の卸売業においては、特定の顧客の商品供給に対応した「物流拠点」として機能するケースが多く見受けられます。

▶ 大手卸の物流センターの特徴

大手の卸売業は、数万～数十万にも及ぶ膨大な数の商品を取り扱うため、物流センターもおのずと大規模になります。物流の規模・数量の大きさから、自動ピッキングシステムを中心とした機械化およびシステム化が進んでいる点が大手卸の物流センターの特徴です。また卸売業という業態は利益幅が小さく、**在庫差異**は収益を圧迫する大きな要因となります。

その解決策として、ピッキングミスの防止をはじめ、入出庫および**ロケーション管理**が徹底されています。さらに、注文数が多いため出荷指示は基本的に1日数回に分けてバッチで処理されます。1日を通して膨大な数の出荷量となりますが、自動化システムとマンパワーの最適な融合により、ローコストかつ高品質な物流が実現されています。

▶ 中小卸の物流センターの特徴

中小卸売業の物流センターの平均的な規模は200～500坪クラスが多く、取り扱い品目は大手卸の10分の1程度です。大手卸との差別化のため受注締切り時間外の注文にも対応し、大半の会社が即納を行っています。また、物流センターの運営も多くは正社員が業務を担っており、納品先への配送についても正社員による自社配送を主としています。

大手卸売業と同様に利益率の低さから、積極的に設備投資を行えない状況にありますが、物流の改善や効率化でコストをいかに吸収するかが大きな課題となっています。具体的には、保管ロケーションやレイアウトの定期的な見直し、**誤出荷**ゼロへの対応、さらには**需要予測**、**適正在庫**、**発注点**の分析などへの取り組みが求められます。

大手卸・中小卸の物流センターの特徴

メーカー

卸・問屋

大手卸の物流センターの特徴

❶ 取り扱い品目数が膨大

❷ 大規模な物流センターが多い

❸ 在庫差異が致命的となる

❹ 自動化、機械化、システム化が進んでいる

❺ 地域密着という特性から全国の主要エリアにセンターがある

❻ ピッキングミス防止などのためのロケーション管理を徹底

❼ 出荷指示は一日数回に分けて処理（バッチ処理）

❽ 当日中に納品する場合がある（即納／D0（ディー・ゼロ））

❾ ヒトの作業、自動機器、システムとの融合

❿ 商品マスター登録が膨大である

中小卸の物流センターの特徴

❶ 地域営業所と物流施設は併設

❷ 施設の平均的な規模は200坪〜500坪クラス

❸ 取扱い品目は大手の約10分の1

❹ 大手卸との差別化のため大半の会社が即納を行っている。

❺ 物流の運営の大半は正社員が業務を行っている

❻ 配送は社員による自社配送が主

❼ ロケーション、レイアウトの見直しが定期的に行えていない

❽ 誤出荷が起こりがち

❾ 設備投資が困難

❿ 整理、整頓に不備がある

⓫ 需要予測、適正在庫、発注点の分析が弱い

小売・販売

第7章 物流センターのしくみ

小売業の物流センターの特徴

大手小売では物流センターの運営を大手・中堅卸に委託し、中小小売の物流機能は卸や問屋が担っているケースが多くあります。規模の違いこそあれ、双方ともに適正在庫と欠品防止に努められています。

▶ 24時間・365日稼働が基本

コンビニエンスストアや食品スーパーなど、年中無休の店舗に商品を供給する小売の物流センターは365日稼働が基本です。店舗側での**ノー検品**に対応すべく出荷検品を徹底するほか、店舗への配送は納品時間が厳格に定められているため、効率的かつ確実な配車機能に力を入れています。さらにセンター内の業務管理についても、仕入先からの入荷時間をコントロールすることで時間帯別の人員配置を行い、少数での作業を実現しています。

▶ 店舗での販売支援に取り組む物流センター

小売の物流センターの多くは、卸売業の施設内に設けられることで**自動補充**システム（VMI）を構築しています。この**VMI**とは、過去の売上数量や在庫数量のデータにもとづいて基準となる在庫数量を設定し、SKU単位で発注のタイミングと発注数量を自動で決定するシステムです。これにより、在庫量のチェックや発注量の決定など、小売店舗と物流センターの双方において業務の効率化が実現されています。

また、小売の物流センターの特徴として、センター内の保管レイアウトおよびロケーションが売り場の陳列棚と連動する形でつくられています。これは**カテゴリー別納品**、**通路別納品**に対応したものです。

そして小売の物流センターは**PDC**型の物流センターとして機能することが多く、値札・タグ付けや販促用ラベル・景品付けといった商品の付加価値を高める加工により、店舗の販売促進を支えています。特に近年の小売の物流センターは、卸と強固な連携を組む大手小売業の進化が目覚ましく、利益を生む**プロフィットセンター**として大きな役割を果たしています。

小売の物流センターの特徴

メーカー

↓

卸・問屋

↓

 小売　　大手・中堅卸
センター運営

小売卸の物流センターの特徴

❶ 中小小売の物流センター機能は卸・問屋が担う

❷ 大手小売では運営を大手、中堅卸に委託

❸ 中小卸は小売センターと施設内に同居

❹ 卸と同居することで自動補充システムを構築

❺ ロケーションは売り場の陳列と連動

❻ PDCを導入している小売が多い

❼ オリコンやカゴ車による出荷・配送を行う

❽ 店舗側でのノー検品を補うため、出荷時の検品を徹底

❾ センターフィーを徴収し運営費、配送費に充てている

❿ 通過する品目を増やし、業務の集約とセンターフィーの拡大

⓫ センターフィーは仕入価格の何%という形で設定

⓬ センター運営を主に行う卸や物流会社にはセンター通過額の何%の料金設定、それには運営費と配送費が含まれている

⓭ センター通過品目と店舗数によって物量とキャパシティが決まる

⓮ 配車機能に力を入れている

⓯ 資源ゴミを処理する機能を併設している

⓰ 365日稼動が基本

⓱ 入荷時間をコントロールすることで、少数での作業を実現

7-6

緊急品供給センターの特徴

医療、ガス、電気、通信、電機、自動車など、社会インフラ分野の供給センターやパーツセンターは、人の命や日常生活に多大に影響します。このような「緊急品」を扱うセンターは独自の特徴を持っています。

▶ コストよりもリードタイムを優先

　一般的な生活用品の物流センターは、比較的賃料、土地価格が安価な郊外に立地しています。これに対して緊急品を供給するセンターは、供給（交通）の利便性を考え、都心部周辺に立地することが多いようです。

　すなわち、倉庫賃料、**人件費**、配送費などのコストよりも、いかに必要なモノを、必要なときに、必要な数だけ迅速に届けるかという**リードタイム**が優先されているわけです。

　輸送手段には軽トラック、バイク、タクシー、緊急用車輌というように指示がかかった時点で必要な製品と人員をいち早く輸送できる手段を選択します。リードタイムの短縮は、拠点を多く持つことでカバーできますので、電機、自動車などのパーツセンターは全国7か所、医療やエネルギー関連の緊急品は首都圏に数か所、各県に1か所の割合で配置されています。

　なお、緊急品の供給センターは平均100〜200坪までの小規模施設が中心で、かさばるような大きなモノは扱っていない傾向があります。また緊急品の特性上、大半のセンターが24時間態勢をとっています。

▶ アウトソースが難しい物流

　緊急品は、通常の物流の世界から見ると、「在庫・出荷量が読めない」「いつ出荷指示がかかるかわからない」などの特性からビジネス化が難しいため、外部業者に**アウトソーシング**することが困難なセンター業務になります。

　したがって、企業（荷主）は納品業務だけであれば自社でパート・アルバイトや派遣スタッフで対応しますが、機械操作、施工工事などの専門技術を必要とする場合は、自社の社員で対応しています。

緊急品供給センターは特殊な物流施設

緊急品供給センター

特徴 1

一般的な物流センターは比較的賃料、土地価格が安価な郊外に立地しているのに対し、緊急品を供給するセンターは都心部周辺に立地し、交通の利便性を優先している。

特徴 2

かさ張るような大きなモノは扱っていない傾向があり、比較的宅配便の段ボールに収まる小物が多い。

特徴 3

緊急品ということから24時間体制を敷いているセンターも多く、2交替制、3交替制の供給体制を整えている。

特徴 4

平均100～200坪までの小規模センターが中心で、緊急品や欠品が許されない製品、商品に限定して保管されている。

いち早く輸送できる手段を採用

| 軽トラック | バイク | タクシー | 緊急用車両 |

物流センター運営の成功ポイント

物流センターの運営を成功に導くカギは、ヒトの管理（レイバーコントロール）が大半を占めていると言っても過言ではありません。つまりヒトの管理は、センター長にとってそれほど重要な業務ということです。

▶ ヒトの管理はセンター長の主要業務

物流センターの成否は、センター長の能力や手腕で決まるものと思われがちですが、それはある意味で正解です。もっと正確に言えば、センター長がどれだけヒトの管理がしっかりでき、限られた運営コストの中で、日々いかに円滑にまわしているかということになります。

ただし、ひと口に「ヒトの管理」と言っても、右の図表に示したようにセンター長が担う仕事は実に多岐にわたります。

なかでも、ヒトの管理が物流センターの**生産性**や業務品質に大きく影響する項目として、「パート・アルバイトの戦力化」「仕事量に合わせた人員調整」「多能工化によるマンパワーおよび生産性の向上」「生産性、品質を表す物流管理指標の導入と目標達成のための指導・改善」等があげられます。

▶ 物流センター長の能力で運営の成否が決まる

もちろん、物流センター長にはヒトの管理以外にも重要な仕事がいくつもあります。まずは、受注の締め切り時間や入荷の締め切り時間など、物流センターを運営するためのルールを明確にし、従業員全員が厳守するように努めることを優先しなければなりません。また、物流状況の変化を見越した継続的な改善活動の実施も必要ですが、これらの取り組みにもヒトの管理が深く関わってきます。

そのほか、「使用面積だけではなく保管効率も含めた有効活用度のチェック」「定期的なロケーションメンテナンスの実施」「**入出荷検品**システムなど**IT**化の検討と予算化」「危険物保管や建築物改修の届出など**コンプライアンス**の徹底」などがあげられ、いずれも物流センター運営の成否を決める重要項目となります。

物流センター運営はヒトの管理が決め手となる

ヒトの管理

1
センター長の能力、資質でセンター運営の成否が決まる

2
パート、アルバイトの戦力化

3
昼礼による仕事量に合わせた人員調整

4
仕事が早く終われば帰ってもらうことの勤務条件確認

5
多能工化によるマンパワーおよび生産性の向上

6
月間MVP賞などの表彰制度の導入

7
パート・アルバイトとの年2回の個人面談の実施

8
稼動必要人数に対して3倍の登録者数の確保

9
携帯サイトによるパートの募集

10
最適な面接官の選任と履歴書の読み方の修得

11
パートリーダーの設置

12
パート・アルバイトに対する目標管理シート、評価制度の導入

13
空調設備、休憩施設の整備

14
誰でもわかるレイアウト、ロケーションの作成

15
業務の生産性、品質を表す実績表の開示

16
生産性、品質を表す物流管理指標の導入

17
動画マニュアルを利用したパート・アルバイトの作業指導

18
センター長の他センターへの視察研修

19
5S・3定の徹底

第7章　物流センターのしくみ

7-8
良い物流センターとは

「良い物流センター」とは、最終的に利益が出ているセンターに尽きます。つまり、物流センターの運営の目的は、日々のオペレーションを通じ、企業のコスト低減や収益の確保に結びつけることにあるからです。

▶ 物流センターが利益を得るには

最新の設備が導入されている物流センター、現場スタッフが毎日生き生きと仕事をしている物流センターがかならずしも良い物流センターとは限りません。自社物流、請負物流にかかわらず、利益をもたらしていなければ、多額の資金を投入した事業施設として何の意味もなしません。物流センターが利益をもたらす、もしくは利益を得るにはさまざまな要素が必要とされています。

物流センターの利益化に向けた重要ポイントとして、「非正規社員の戦力化と物量に合わせた人員調整」「業務の数値化をはじめとする損益管理の徹底」「継続した改善活動の実施」「システム・設備などの過剰投資の抑制」などが最低限の条件となります。

▶ 利益が出ている物流センターの共通点

物流の現場は100社100様ですが、「良い物流センター＝利益が出ている物流センター」には、共通点としておおむね以下のポイントが見受けられます。

①5Sや3定等の自主的な活動が管理者からパート・アルバイトに至るまで確実に浸透している。

②毎日昼礼を行うことで午後からの業務量と人員を調整している。

③自動化やIT化は必要最低限の導入にとどめ、作業者の能力やマンパワーが最適な業務遂行の中核となっている。

④少し手狭と感じられるほどムダなスペースが見当たらず、高さを上手く活用することで、保管効率を高めている。

⑤1日の作業達成目標が明確になっている。

⑥改善テーマ、スローガン、注意事項を促す掲示物がどこの現場からでも見える位置、大きさ、数量で掲示されている。

⑦残業や時間外業務をはじめ、作業のやり直しなどのイレギュラー業務がほとんど発生しない。

　何らかの問題を抱え、解決の手法を模索している現場では以上の点をチェックしながら改善を進めていくと良いでしょう。

良い物流センターを構成する要素

① 非正社員の戦力化と物量に合わせた人員調整

② 業務の数値化をはじめとする損益管理の徹底

③ 継続した改善活動の実施

④ センター長の能力と資質

⑤ システム・設備などの過剰投資の抑制

7-9
物流センターに必要な情報システム

近年、物流センターの情報システム化が大きく進んでいます。しかし安易にシステムを導入すれば良というものではなく、そのセンターの課題や今後の方向性によって、システムの種類や規模が異なってきます。

▶ システム化の初期段階

システム化の初期段階では、一般的に**受注処理システム**や**伝票発行システム**などのツールが導入されます。受注処理システムはFAX、メール、**EOS**などから受注情報を時間・日ごとに集約し、納品先別に出荷指示を自動的にかけるシステムです。伝票発行システムは、受注処理が終了し、納品先別の送付伝票や路線会社専用の送り状発行を行うシステムです。

▶ システム化の中期段階

システム化の中期段階では、**在庫管理**システム、**入出荷検品**システム、配車システムなどが導入されます。在庫管理システムは入・出庫における品目と数量、金額、**発注点**などを管理し、**欠品**や**過剰在庫**などをチェックするシステムで、PC上の在庫と棚卸による実在庫との照合を行います。入出荷検品システムは、入荷された商品の品目と数量を照合し、さらに出荷時には出荷伝票もしくは**ピッキングリスト**どおりに正しく出荷されているかをチェックするシステムで、**誤出荷**を防ぐ目的で導入されます。配車システムは、車両の配車計画や輸送管理を行うためのシステムで、行き先方面や納品先別の物量、納品時間、車両サイズに応じた積載率、稼働台数、運賃などの車両運用の最適化に役立ちます。

▶ システム化の後期段階

システム化の後期段階になると、物流品質やサービス力のさらなる向上などを狙いに、より高度な仕組みづくりが行われます。その代表的なシステムでは**WMS**（倉庫管理システム）があり、入・出荷、在庫、保管レイアウト、**ロケーション管**

理のみならず、今や**需要予測**や営業支援にも使えるSCMツールにまで機能が及んでいます。また最近の物流システムでは、商品にまつわるID情報を電波で管理する**RFID**[※]が導入されています。これは一括検品による入出荷・**在庫管理**の効率化をはじめ、**トレーサビリティ**、**セキュリティ**等の用途に活用されています。

システム化の導入ステップ

STEP **1** 初期
① 受注処理システム
② 伝票発行システム

STEP **2** 中期
① 在庫管理システム
② 入・出荷検品ステム
③ 配車システム

STEP **3** 後期
① 倉庫管理システム（WMS）
② RFID（IDタグ）によるトレーサビリティ、セキュリティシステム

ウォルマートで使われている
RFIDタグ

第7章　物流センターのしくみ

7-10
物流センター開発のタイミング

企業が自社の物流センターを検討した場合、その開発に適したタイミングがあります。ここでは、メーカー、卸売業、小売・外食チェーンなど、業態ごとに異なる物流センター開発のタイミングについて解説します。

▶ 業態ごとに異なる開発のタイミング

メーカーの場合は、生産開始と同時に物流施設を稼働させるか、生産工場と隣接した形で物流拠点の開発が必要となります。特にメーカーの物流では、顧客からの1オーダーに荷合わせする形態が見受けられますが、これでは**横持ち**輸送が発生し、ムダやコストアップとなるため得策とは言えません。

卸売業における物流センター開発のタイミングは、中堅卸と中小もしくは中堅卸のM&Aによる物量拡大後、あるいは特定の大手小売業の指定サプライヤーとなったときに専用の物流センターの開発が必要です。また出荷、物流拠点が全国に点在するような大手卸では、1センターの効率化や生産性拡大のためにセンターの集約を検討することがあります。

開発のタイミングが経営の最も重要な課題となるのが小売、外食、FCチェーンです。売上規模で年商100億円以上、店舗数で70店舗以上、センター通過金額で年間50億円以上が開発の目安となります。これを下回る段階、すなわち物量がまとまらない時点でセンターの開発を行ったのでは採算が合わず、購買力による**センターフィー**収入もままならなくなります。さらに、2、3カ所目の物流センター開発については、**リードタイム**短縮による顧客サービスの向上の狙いが強くあります。

▶ ネット通販会社の場合は……

近年成長著しい**ネット通販**は、物流機能の役割が非常に大きく、むしろ物流サービスそのものが自社のサービスとなっています。

取り扱い品目数が少ない間は、オフィス内や軒下に在庫商品を置き、そこから出荷していますが、このキャパシティを超えた時点で50坪、100坪ほどの物流センター（外部倉庫）が必要となります。

各業態の物流センター開発のタイミング

卸売業	小売・外食、FCチェーン	ネット通販会社

今までは…

地域密着型物流拠点	卸による物流	オフィス兼在庫・出荷スペース

① 中堅卸と中小もしくは中堅卸のM&Aにより物量が拡大した後

② 特定の大手小売業の指定サプライヤー(卸)となった時点で専用物流センターを開発

③ 全国展開を行う卸で、出荷、物流拠点が点在し、拠点の集約が必要となった時期

目安として…

① 売上規模で年商100億円以上

② 店舗数で70店舗以上

③ センター通過金額で年間50億円以上

オフィス内のキャパオーバー

物流センター開発のタイミング

※国土面積が広く、卸という中間流通のない米国では、物流センターの役割が大きく、通常、物流センターをつくった後に店舗を大量出店するロジスティクス本来の展開を行います。

MEMO

第**8**章

環境問題と物流

　2005年11月28日から13日間にわたり、地球温暖化防止を目的とした第1回「京都議定書締約国会議（COP/MOP1）」が開催され、日本は、1990年のCO_2排出量に対し6%の削減が決定されました。これによる各産業界への影響は明らかであり、トラック輸送を必要とする物流業界でも、さまざまな取り組みが推進されています。

　具体的な対応としては、①モーダルシフトとしての鉄道輸送の活用、②トラック輸送における軽油燃料から代替燃料へのシフト、③物流に伴う資材関連のリサイクル、④NOx法に伴う排ガス規制のほか、物流の過剰サービスを抑制する活動が見受けられます。

　なお最近は、温室効果ガス対策に限らず、エネルギー問題としてエコ対策に注力する企業も増えているように（第12章参照）、これからの時代、物流業界でも地球環境の視点に立った経営が強く求められています。

8-1

地球温暖化とトラック輸送

2020年10月、政府は2050年までに温室効果ガスの排出を全体としてゼロにする「カーボンニュートラル」[*]を宣言しました。これに対し、「物流の足」であるトラック輸送はどのように変化するのでしょうか。

▶ 鉄道輸送の活用と代替燃料へのシフト

モーダルシフトについては、最近は大手企業を中心に鉄道による輸送が見直されるようになり、輸送距離600km以上の利用ではトラック運賃より安価となることから、コストダウンのメリットが後押しし、積極的に切り替えが行われています。特に、日本の大都市を結ぶ幹線輸送においては鉄道輸送を優先的に導入する動きがあります。また、地域によってはトラック輸送よりもリードタイムが1日余計にかかる問題が生じるため、その分の在庫を持つ余力のある企業や顧客が中心に取り組まれています。

軽油燃料から代替燃料へのシフトも大きく進んでいます。CNG車（天然ガス車）の導入をきっかけにHEV車（電気ハイブリッド車）、バイオエタノール車が開発され、すでに市場に投入されています。しかし、燃費の悪さや馬力不足、エネルギーステーション不足、購入コスト高の課題があり、国からの補助金によって利用の拡大が促されている状況です。

その他の環境問題への取り組みとして、木材のパレットのプラスチック化やストレッチフィルムの再利用がありますし、NOx法をはじめとする排ガス規制については、対象となる地域や車種が年々拡大されています。

▶ なおも残される環境対策の課題

高度成長期に問題となった環境汚染を教訓に、日本ではさまざまな対策を打ってきました。しかしながら、物流量の半分以上をトラック輸送に依存する現状をはじめ、在庫を「善し」としない経営習慣、荷主企業が求めるジャストインタイムへの対応など、環境対策の先進国ドイツのような社会全体での抜本的なCO_2排出量削減までには至っていないのが実情です。

※ カーボンニュートラル　カーボンニュートラルについて環境庁は、「温室効果ガスの排出量と吸収量を均衡させることを意味する」と示している。

環境対策に向けたトラック輸送の変化

❶ モーダルシフトとしての鉄道輸送の活用
❷ トラック輸送における軽油燃料から代替燃料へのシフト
❸ 物流に利用される資材関連のリサイクル
❹ NOx法に伴う排ガス規制への対応

鉄道輸送の利用が見直されている

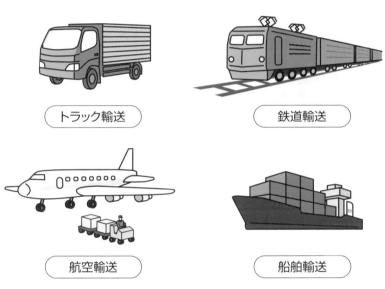

トラック輸送

鉄道輸送

航空輸送

船舶輸送

企業における地球温暖化対策の活動として、カーボン・オフセットが注目されています。これは自社のCO_2削減の取り組みにおいて、削減しきれない分をオフセット(埋め合わせ)するものです。埋め合わせの方法は、CO_2削減の活動への投資、他の場所で削減されたCO_2排出量をクレジット購入するなどがあります。

第8章 環境問題と物流

8-2
原油価格乱高下時代の物流

物流の輸送手段となるトラック、船舶、航空、鉄道等に使われる燃料は、原油をベースにつくられています。燃料価格の高騰に対応したサーチャージ制の導入とともに、脱石油燃料依存の物流も広がっています。

▶ 燃料サーチャージ制の導入

燃料サーチャージ制とは、燃料価格の上昇や下落によって生じるコスト分を運賃とは別建てで設定することができる料金制度です。これはトラック、航空、船舶を対象に国の指導のもとに導入されていますが、輸送手段によってその浸透の度合はまちまちです。

特にトラックにおいては、輸送事業者が約6万社あり、過当競争にあることから広く浸透していないのが実情ですが、燃料サーチャージの設定・収受が、あくまでも標準的な運賃制度であることを認識する必要があります。一方、航空、船舶では事業者の数が限られているため、これらの業界でのサービス料金（運賃）は事業者主体での値上げ、値下げが行われています。

▶ 物流も脱石油燃料がトレンドに

原油に依存した物流構造からの脱却については、第1に鉄道輸送の活用、第2に新たな燃料エネルギー車の開発があげられます。鉄道輸送の活用は、**コストダウン**のメリットがあるエリアからその利用度が高まっていますが、対応できる機関がほぼJRに限られていること、納品までのトラック運賃の加算、輸送ロットの制限といった課題が残されています。

新たな燃料エネルギー車の開発に関しては、補助金などの政府の後押しがなければ利用者の導入が進まない状況にはあるものの、**CNG車**、**HEV車**、**バイオエタノール車**への切り替えがすでに始まっていることから、今後はエネルギーステーションなどのインフラ整備とさらなる政府支援が普及のカギとなります。いずれにしても原油からの脱却の一歩を踏み出した段階にありますが、その中で太陽光発電のような次世代資源の普及拡大といった課題も残されています。

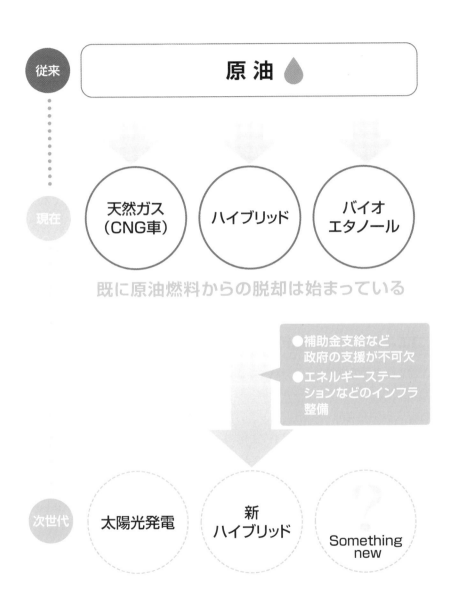

8-3
急がれる次世代エネルギー開発

カーボンニュートラルに適応した再生可能エネルギーとして、太陽光発電、風力発電、バイオマス、地熱発電等の開発が行われています。しかし、こと物流となると転用できるエネルギー資源は限られています。

ハイブリッドへの期待

現在、市場に投入されている**CNG車**は、初期導入コストの大きさや気体燃料による備蓄、輸送面での課題から、将来的な利用の拡大が憂慮されています。これと同時に、化石燃料と電気など2つ以上の異なるエネルギーを組み合わせて利用する**HEV車**が商業用車両にも投入されるようになりました。

従来のように1つのエネルギーのみを利用した動力では、燃費、馬力、コスト、エネルギーステーションのインフラなどの課題が発生しますが、これらを組み合わせることで互いの弱点を補えるメリットがあります。このことから「エネルギーの組み合わせ」というHEV車への期待が高まっています。

エコエネルギーへの期待

トラック車両の燃料として、**バイオエタノール**を導入する企業が見られるようになりました。バイオエタノールとは、サトウキビやとうもろこし、廃木材などのバイオマス資源を発酵・蒸留してつくられる植物性のエチルアルコールで、新たな燃料用エネルギーとして注目されています。

また、てんぷら油（廃食用油）にアルコールとアルカリ触媒をエステル交換反応させた軽油代替燃料もあります。一度使用したモノ、廃棄するモノをエネルギー源に変えるというリサイクルは、エネルギー循環という点で、最も環境保全に適した技術と評価されています。

また精製コストも比較的安価で、燃費、馬力とも軽油と大差がありませんが、燃料に必要な量の廃油の確保が難点となります。しかし、エネルギー転換とエコを両立できるこの分野には大きな期待が寄せられています。

廃油の再利用によるエネルギー開発

● 京都市の例〈廃食用油燃料化施設〉

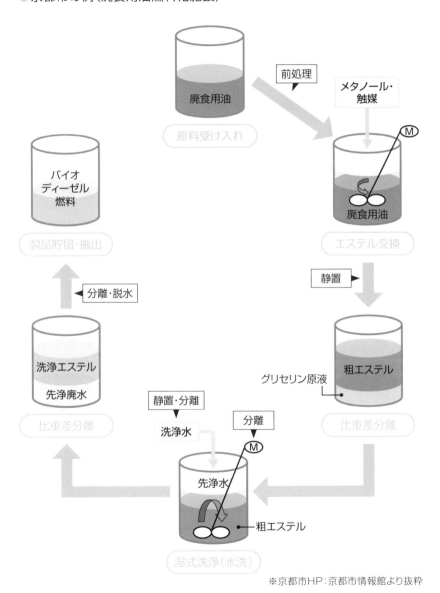

※京都市HP：京都市情報館より抜粋

8-4
トラック輸送の温暖化対策

温室効果ガス削減を推進する行政の動きとして、環境モデル都市である京都市では、トラック100台以上を所有する物流・運輸事業者に対して3カ年分の排出量削減計画と報告を義務づけています。

▶ CO₂排出量の20%強が運輸によるもの

国土交通省の調べによると、全産業におけるCO₂排出量のおよそ20%強が自家用乗用車を含めた輸送によるものであり、さらにそのうちの40%強が自家用トラックを含む物流となっています。排出量の多い輸送手段を見るとトラック、船舶、航空、鉄道の順となっています。

▶ 温暖化対策に向けたさまざまな取り組み

トラック輸送における温暖化対策の取り組みとして、CO₂排出量の少ない船舶、鉄道輸送へのシフト（モーダルシフト）、代替燃料車両の導入、低燃費走行（**エコドライブ**）の推進、共同配送システムの導入などがあります。

モーダルシフトは、鉄道輸送へのシフトが中心となっていますが、鉄鋼や大型重機などの重量のある貨物、鉄道コンテナでは収まらない大きな貨物、**リードタイム**に余裕がある商品などは、船舶輸送へシフトする動きが進んでいます。

代替燃料車両の導入は、**HEV車**、**CNG車**を中心に**LPG車**、**バイオエタノール車**、**EV車**（電気自動車）等があります。しかし、バイオエタノール車、EV車については本格的な普及に至っておらず、まだ開発途上にあります。

エコドライブの推進は、トラック輸送事業者の燃料コストの軽減にもつながるため、以前から業界で広く普及しています。アイドリングストップ、急ブレーキ、急発進の撲滅、タイヤ空気圧のチェックなど、関連団体でコンテストも開催されており、安全運転の推進も大きな効果をあげています。

共同配送システムの導入は、同業種、異業種による共同配送、商店街への納品などの共同配送などが進められています。いずれも、いかに**コストダウン**のメリットと合わせて構築できるかが普及のポイントです。

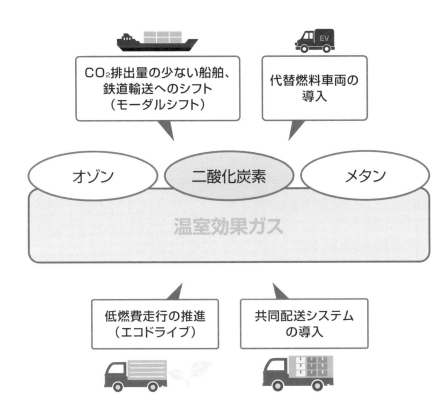

温室効果ガス削減に対する取り組み

CO₂排出量の少ない船舶、鉄道輸送へのシフト（モーダルシフト）

代替燃料車両の導入

オゾン　二酸化炭素　メタン

温室効果ガス

低燃費走行の推進（エコドライブ）

共同配送システムの導入

トラックの運行に対しては、健康に悪影響を与える窒素酸化物（NOx）、浮遊粒子状物質（PM）といった大気汚染物質を緩和する排ガス規制が法令で定められています。代表的な法令では「自動車NOx・PM法」「大気汚染防止法」「オフロード法（特定特殊自動車排出ガス規制法）」などがあります。また、各都道府県によって排ガス規制の対象範囲が異なり、排ガス対象地域内では、基準を満たしていないトラックを使用することができない場合があります。

第8章　環境問題と物流

鉄道輸送の役割と特徴

CO₂削減に大きな期待が寄せられる鉄道輸送ですが、これにもメリットとデメリットがあります。コストメリットの算出、リードタイムの延長などの課題が利用拡大のハードルとなっているようです。

▶ 鉄道輸送のメリットとデメリット

最近の鉄道輸送の実績は、貨物量全体では減少傾向にありますが、貨物量に輸送距離を加えた貨物輸送量（トンキロ）ではわずかながら増加傾向にあります。また、バルクやローリーなどの車扱い貨物は減少しているものの、コンテナでの輸送は増加しています。

ではなぜ、鉄道輸送の利用が大きく進まないのでしょうか。

鉄道を利用するメリットは、ダイヤ通りの正確な運行、約600km以上の輸送であればトラック運賃よりも安価なことに加え、**CO₂排出量削減**を中心とした環境保全への対応等があります。一方のデメリットとしては、**リードタイム**がトラック輸送に比べて1日ほど多くかかる、トラックや船舶に比べて輸送力が不足する、近・中距離圏内ではトラック運賃よりも割高、コンテナ（12フィート）の積載効率が悪いなどが指摘されます。

▶ トラック、船舶輸送との連携対応

CO₂排出量削減効果の高い鉄道輸送のメリットを生かすには、用途を限定するか、他の輸送手段との連携を図ることがポイントとなります。戦後まもなくできた大型工場では、工場敷地内に貨物の引込み線が設けられていましたが、機動性に優れたトラック輸送に押され、今では活用されなくなりました。また最近は、レール＆シー（Rail&Sea）の考えから鉄道、船舶共用のコンテナの導入はじめ、デュアル・モード・トレーラー*の試験導入も実施されています。

今後は、複合一貫輸送としての利便性追求と陸、海、空の汎用性機器の開発、そして利用者側の使い方の工夫が鉄道輸送の付加価値を高めることになるでしょう。

※**デュアル・モード・トレーラー**　道路ではトレーラとして、鉄道線路上は貨車として走行する輸送車両。

鉄道輸送のメリットとデメリット

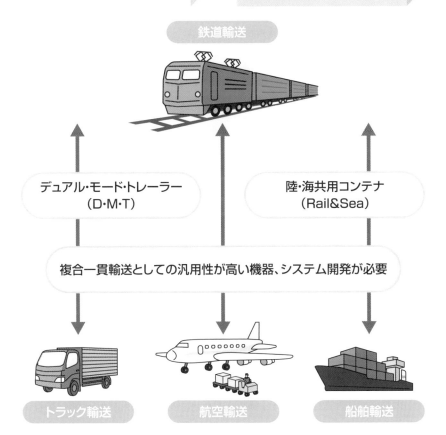

メリット

① ダイヤ通りの正確な運行

② 約600km以上の輸送であればトラック運賃よりも安価になる

③ CO_2削減を中心とした環境保全となる

デメリット

① リードタイムがトラック輸送に比べ、おおよそ1日多くかかる

② トラック、船舶に比べ、輸送力が不足している

③ 近・中距離圏内ではトラック運賃よりも高くなる

④ コンテナ(12フィート)の積載効率が悪い

鉄道輸送

デュアル・モード・トレーラー
(D・M・T)

陸・海共用コンテナ
(Rail&Sea)

複合一貫輸送としての汎用性が高い機器、システム開発が必要

トラック輸送

航空輸送

船舶輸送

第8章 環境問題と物流

177

8-6
リサイクルと物流

生産や製品の供給・販売のための「動脈物流」に対し、私たち消費者が使い終わった廃棄物や資源ゴミなどを回収・リサイクルする「静脈物流」は、環境保全においても重要な役割を担っています。

▶ なぜ静脈物流が重要なのか

静脈物流は大別して2つの特性を持ちます。1つは、回収、処理、加工を施し、再利用を行うリサイクルのための物流で、建設資材、家電品、トナー、古紙などのリサイクルがあります。

もう1つは、回収後、焼却や専門的な処理を行う廃棄物輸送で、地震、台風などの災害で発生した瓦礫等の廃棄物の回収と輸送、都市開発や建設などの残土輸送、汚染土壌の回収などがあります。

静脈物流は私たちの生活や職場の活動を日常的に支えてくれています。たとえば、段ボールや古新聞、コピー用紙などの古紙は、資源ゴミとして産業廃棄物の処理を行う事業者の元に運ばれ、その後はさまざまな処理が行われ、トイレットペーパーや段ボール等の紙製品に再生されます。

もしも、リサイクルに対応した静脈物流がなければ、ゴミが増え続け、環境に悪影響を与えてしまいますし、当然ながら、紙製品の原材料不足や価格高騰をも招くことになるでしょう。

▶ 回収サービスが本格化し始める

いまやエコ・低炭素社会で環境への関心が高まる中、リサイクル技術は進歩し、物流における**静脈物流**へのニーズも高まっています。

リサイクル品の回収については、いままでは一部の専門事業者が行っていましたが、産業廃棄物輸送の許可を取得することで一般の物流事業者でも事業化できることから、「回収サービス」が物流事業者の新たなメニューに加わるようになりました。大手路線会社では、取引先企業に古紙の専用ボックスを配布し、回収するサービスを本格的に行っています。

物流事業者による回収サービスが広まっている

リサイクル物流

- 建設資材リサイクル
- 家電リサイクル
- 複写機リサイクル
- 古紙リサイクル

産業廃棄物輸送

- 災害廃棄物輸送
- 都市開発、建設などの残土輸送
- 汚染土壌の回収

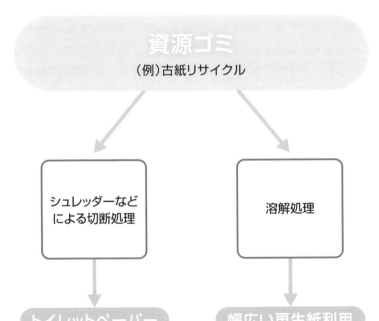

資源ゴミ
（例）古紙リサイクル

シュレッダーなどによる切断処理

溶解処理

トイレットペーパー

幅広い再生紙利用

8-7
物流資材と環境問題

物流には委託された貨物・製品を安全・最適かつ効率的に輸送するため、さまざまな資材が大量に使われています。ここでは、最近特に進んでいる各種物流資材の環境対応について解説します。

▶ 環境に対応した各種物流資材

①保冷剤・蓄冷材

主に食品、医療分野での輸送に使われる資材です。中身は弱酸性次亜鉛素酸水で、除菌、消臭剤として再利用することができ、また無菌水が有機物に触れることで分解して水（H_2O）に戻り、廃水処理が可能となる製品もあるなど、環境対策を考えた製品が開発されています。

②パレット

貨物を積む**パレット**は、木製からプラスチックへの転換が大きく進んでいます。木製パレットの場合は廃棄時には産業廃棄物として焼却処分され、買い替えのコストがかかります。方や**プラスチックパレット**は、木製に比べ耐用年数が長く、リサイクルによる再利用が可能なため、広く普及しています。ただし輸出用のパレットは回収できない一方通行の物流が前提のため、安価な木製が主流です。

④ストレッチフィルム

ストレッチフィルムの環境対応としては、1つに、一度利用したフィルムを回収し、リサイクル原料のポリエチレンを50％使用した再生フィルムをつくる方式があります。もう1つは、フィルムを巻く作業の手間と時間を削減する狙いから、パレット上の製品を幅の広いナイロンベルト（エコバンド）で固定し、繰りかえし使用するものです。

⑤フォークリフト・物流施設

エンジン式のフォークリフトからバッテリー式への転換は、排気ガスや防塵対策に加え、**コストダウン**の利点もあります。また物流施設においても、空調設備の代替フロン不使用や塩ビ素材を排除した建設資材、リサイクル資材の積極的採用、省電力照明の採用などがあります。

物流資材の環境対策も進んでいる

保冷剤

（三重化学工業HPより）

パレット

従来の木製パレット

プラスチックパレット
（太陽シールパックHPより）

ストレッチフィルム

再利用
ストレッチフィルム
（アイセロ化学HPより）

ストレッチフィルム
（日立化成フィルテックHPより）

エコバンド
（エコシステムHPより）

リサイクル原料の
ポリエチレンを50%使用

8-8
地球環境に影響を及ぼす過剰サービス

月曜から金曜まで毎日出荷を慣習的に行う企業がありますが、過剰なサービスも地球環境に影響を及ぼします。物流・着荷主双方における業務効率化やコストダウンの観点からも、出荷頻度の削減が進んでいます。

▶ ムダ・過剰サービス発生の張本人は誰？

多くの物流会社は、顧客の要請に対応した**出荷頻度**のみならず、厳格な時間指定にも頭を痛めています。一般的に顧客との間の納品条件は、物流会社の営業担当が取り交わしますが、なぜ、出荷頻度や納品時間にムリが生じるのでしょうか。その一番の要因は、営業担当の**物流コスト**意識の低さや顧客に「ノー」と言えない事情に由来すると思われます。そのため、午前中までに納品できれば問題ないが、もしも延着すればクレームが出るので念のため「9時必着」の約束をした。あるいは、時間指定に対する要望への代替案を提示できないなどがあります。

自社の物流の現場と顧客の荷受の実際をよく観察し、お互いの効率化に主眼を置いた改善提案こそが、営業担当としての腕の見せどころと言えるでしょう。

▶ メーカー系物流子会社で顕著な品質過剰

メーカー系の物流子会社は、親会社の持つ**品質管理**、品質・安全管理のノウハウが物流に活かされています。それは、**生産性**および品質の向上に反映されている反面、物流視点では過剰とも言える管理法がしばしば見受けられます。落下防止や衝突防止のための高さ制限、充分過ぎる通路幅による保管効率のロス、検品時の過剰チェック、輸送品質重視の過剰梱包などがその代表例です。

これらの過剰な管理は、多くの人力と資材を必要とし、ムダな資源使用につながります。物流においても、コストアップを招くだけではなく、車両増加によるCO_2排出、資材の大量使用による廃棄物の増大など**環境問題**にも直結します。したがって低炭素社会では、コスト、品質、環境にマッチしたサービスレベルを設定する取り組みが求められています。

環境問題と物流における過剰サービス例

毎日出荷による

物流稼働時間の慢性化

指定時間などによる

投入車両の増加

エコ・ロジスティクス

過剰梱包による

資材消費量の増加

保管効率の悪い物流施設による

設備の遊休化

地球環境への影響のみならず、運輸事業者への「働き方改革関連法」適用、すなわち「2024年問題」の対応策として、「多頻度小口配送→一定一括配送」「翌日納品→翌々日納品」といった、従来の商習慣の見直しが検討されています。

第8章　環境問題と物流

8-9
環境対応による物流の原点回帰

都心部では自転車によるデリバリーサービスが普及し始め、宅配会社においても昔ながらのリヤカー式自転車で小口貨物を届けるサービスが定着するなど、コスト抑制と環境にやさしい物流が広がっています。

▶ 鉄道輸送によるリードタイム、在庫の見直し

戦後、日本の物流では鉄道輸送が広く行われ、各地にその業務を専門に担う「通運」という事業者が活躍していました。また、繊維、鉄鋼などの日本の産業を支えていた大規模工場には、旧国鉄の引き込み線が通っていたほどで、こうした過去の輸送手段が、今日は環境の面から見直されるようになってきました。鉄道輸送の復活よって**リードタイム**が1日延びることで、荷主側は1日分の在庫を余計に持つことになります。

さらに、**ジャストインタイム**に対する間違った解釈により、多頻度輸送に対応した車両台数の増大を必要としました。特に、在庫を善しとしない日本企業では、物流が止まることに否定的であり、それが過剰な物流サービスをエスカレートさせたと言えるでしょう。環境面を考えると、今後は、ある程度の在庫を企業の義務とすることが望ましいと考えます。

▶ ノー検品、簡易梱包輸送

店舗納品における**ノー検品**は今では主流となっていますが、以前は店舗スタッフが立合い検品を行っていました。中には1日の仕事のうちの30%を検品や搬入等の物流作業で占められている店員もいましたが、いまではセンターの出荷精度が高まったため、このような光景は少なくなりました。

また、簡易梱包輸送の普及により、中身が見えることで積み降ろし作業時の慎重な荷扱いが促され、商品事故の防止効果を生んでします。しかも、包装資材も節約でき、開梱作業も簡単になるなど、省力化をムダな作業の解消につなげた好事例として高く評価されています。

●首都圏高密度エリアで活躍する自転車物流

　◎ 交通渋滞に影響しない

　◎ ローコスト

　◎ 環境にやさしい

●エコ社会では一定の在庫を持つことが大切

鉄道輸送の利用	リードタイムが1日延びる	在庫に余力が必要

●エコ／省力化で原点回帰

　　　ノー検品　　　　簡易梱包
　　　　　　　　　　　　輸送

8-10
環境対応と今後の物流の課題

物流における環境対応のポイントとして、環境保全への貢献とコストメリットの両立があげられます。これをキーワードとすることで、環境問題への取り組みが物流業界に広く浸透することが期待されます。

▶ 環境・エコ技術の進捗と政府のさらなる支援、補助

物流業界における環境保全への取り組みならびに普及に向けては、エコ技術の進展と活用も大切なファクターになると考えます。リサイクル、リユース、代替化技術のさらなる進化によるローコスト化と品質の双方をクリアすることが、企業の積極導入を促す大きな課題と言えるでしょう。

環境問題に対する国による補助、助成事業には、「**グリーン物流パートナーシップ会議**」「都市内物流の効率化支援」「物流効率化総合効率化に基づく支援」「**3PL**事業の総合支援」「**モーダルシフトの推進**」などが打ち出されています。

これらは、京都議定書での目標達成に向けた地球温暖化対策への取り組みとして、具体的な施策をまとめた国土交通省の「環境行動計画2008」がベースとなっています。

このうち「グリーン物流パートナーシップ会議」については、荷主企業と物流事業者がそれぞれ相互の連携・協働により、物流分野の温暖化対策の取り組みを支援するもので、文字どおり「パートナーシップ」による物流システムの改善に向けた先進的かつ産業横断的な活動が奨励されています。

なお、同時事業に向けた補助金として、**CO_2排出量削減**および省エネルギーに必要な機器・設備を購入する場合、その費用の3分の1以内（上限5億円以内）が交付されます。

今後の課題としては、①各支援、補助事業内容の告知強化、②優良事業の継続した予算化、③事業成果の公開、④対策事業の拡充、⑤優遇税制、低利融資の強化などのさらなる政府、自治体の支援、補助と規制があげられ、これらの推進により環境にやさしい物流が実現されると期待します。

環境対応への国による支援・補助

グリーンパートナーシップ会議

モーダルシフトの推進

国土交通省では、鉄道・内航海運等のより環境負荷の小さい輸送モードの活用(「モーダルシフト」)による環境負荷軽減への取り組みを行っています。具体的には、鉄道・海運に関するインフラ整備や、「グリーン物流パートナーシップ会議」の枠組みを利用した補助金等による事業者への支援等を行っています。

3PL事業の総合支援

国土交通省HPより

MEMO

第**9**章

物流は情報システムで進化する

　物流の6つの機能の中に「情報」が含まれていることからもわかるように、物流の情報システム化によって、他の5つ機能である「輸送」「保管」「荷役」「包装」「流通加工」をより効率的かつ正確に管理することができます。たしかに物流は、モノを動かすだけではなく、数量、送り先、納期など商品に関わる情報を同時に照合・管理することで成り立つ業務です。

　それほど情報は物流にとって重要な機能でありながら、中小企業の約半分はシステム化が遅れていると言われます。しかしここ最近は、情報システムのクラウド化が進んだことで、安価なコストでより手軽に導入・運用できるようになりました。

　そこで本章では、情報システム化のメリットとともに、物流と情報システムを連動するためのポイントを中心に解説していきます。なお、物流のシステム化において、いま脚光を浴びている物流のDX（（デジタル・トランスフォーメーション）については11章で詳しく解説します。

9-1
情物一致が基本原則

物流とは、情報とモノを照合・管理する「情物一致」によって機能しています。照合の方法は、ITFコード[*] をはじめ、より多くの情報を取り込むことができる二次元コード、アナログ的な人のチェックなどがあります。

▶ 情報とモノを照合する

入荷、格納、**ピッキング**、**検品**、出荷、車両への積み込み、納品先への配達など、モノの動きの節目ごとにかならず照合・チェックを行い、これが物流の基本作業となります。

各作業工程以外にも、時間、担当者（会社）、場所などが変わるたびに、伝票またはバーコードスキャンによって照合を行います。この一連の作業をその都度確実に行うことで、「作業内容の確認」「数量のカウント」「作業ミスの発見」「作業の完了報告」「荷物データの蓄積」「荷物履歴の確認」「作業完了の証明」などの実績を把握します。したがって、いかに正確に情報とモノを一致させていくかが、現場運営の生命線となります。

▶ 物流に用いられる情報

物流に用いられる情報には、物流センターに入荷される物量、時間、内容名から、輸配送時のトラックのサイズ、さらにはどの商品をどこにいくつ出荷するかを指示する**ピッキングリスト**に至るまで多種多様なものがあります。

そのほかにも、実在庫とデータ在庫を照合する在庫表、滞留している在庫を知らせる不動在庫リスト、赤伝と呼ばれる返品伝票。あるいは、欠品リストや商品事故報告書など業務管理上の情報として活用されています。

このように実に多くの情報が各工程で照合・チェックされ、1つひとつ厳格な確認作業を行うことで、一連の業務が完結します。「物流の精度が上がらない、現場作業のミスが多い」といった問題を抱える企業は、物流の基本となる情物一致の状況を確認し、物流と情報のフローのどこにミスマッチやタイムラグが発生しているかを発見し、対策を打つ必要があります。

＊**ITFコード** Interleaved Two of Five（コード）の略。主に段ボールや箱に印刷されており、物流商品コード用のバーコードとして利用されているバーコード。

モノと一致させる情報とは

入荷

格納

ピッキング

検品

積み込み

輸送

納品

● 入荷検品チェック表

● ピッキングリスト

● 納品伝票

第9章 物流は情報システムで進化する

9-2
モノの流れと情報の流れ

ひと口に情物と言っても、モノの流れのどこからどこまでを対象とするかによって、異なるフローができあがってしまいますし、情報の流れについても、どこを対象とするかで大きな違いが出てきます。

▶ 物流フローと情報フロー

サプライチェーンの場合、モノの流れの全体を見るか、保管からの出荷と納品までを見るかによって、フローの長さや経由する拠点の数が違ってきます。

もしくは物流の実態を把握し、改善にとどまることなく改革までを目ざす場合は、自社の出荷拠点を中心に、調達、仕入では二次サプライヤーからのモノの流れを把握し、販売ではエンドユーザーまでの納品と、そこからの回収、**返品**までの流れも抑えておく必要があります。また、拠点間、店舗間の**横持ち**（輸送）の流れは重要な情報の1つです。

物流の情報では、発注、入荷、受注、在庫引当て、出荷指示、配車または物流会社手配、伝票発行、納品、返品、売上計上、請求書発行のフローの把握が不可欠です。これらが情物一致の基本に対してどの部分がボトルネックになっているかを発見するのに役立ちます。

▶ タイムスケジュールで情物フローを合致させる

物流フローと情報フローを合致させることで、入荷情報の精度が低い、**在庫管理**が十分でない、チェックポイントの調整、ムダな作業内容などが発見できます。さらに、合致したフローにタイムスケジュールを加えることで、前倒しを要する作業、残業をなくすための作業優先順位の決定、納品時間を厳守するための配送ルートの見直しといった具体的な問題点が浮き彫りになります。物流と情報、それぞれのフローを合致させることで、全体の**可視化**ができ**情報システム**の見直しに役立ちます。

このように物流領域を一旦広く見通すことで、細かな改善や運営ルールの設定、さらには全体最適につなげることができます。

モノと情報の流れを一致させる

● モノの流れ（物流フロー）

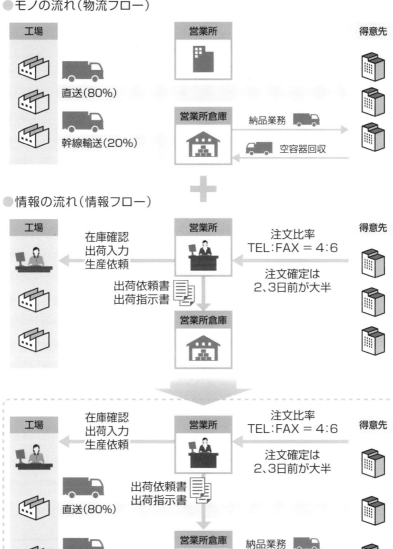

● 情報の流れ（情報フロー）

9-3
物流情報をフィードバックする

企業体質の強い会社は、物流情報を後方支援活動に役立てています。物流で得られた情報を営業や生産部門にフィードバックならびに共有化することで、会社全体の利益化につなげています。

▶ 営業部門へのフィードバック

営業部門にフィードバックする**物流情報**として、①方面別、得意先別の物流コスト、②時間外受注、緊急出荷先と件数、コストアップ額、③伝票1枚当りや時間指定におけるコスト、④集中出荷先とコストアップ額、⑤物流部門や物流会社に届いたクレームや要望などがあります。

これらの情報から、売上金額が物流コストも含め、利益率の低い顧客が一見して明らかとなり、その見直しを兼ねて営業部門では、顧客との間で代理店経由の納品、運賃別途請求の有無などの交渉を行います。

▶ 生産部門へのフィードバック

生産部門にフィードバックする物流情報として、①製品別の物流コスト、②重量・容積当りの物流コスト、③商品事故報告、④返品情報、⑤製品クレームや要望などがあります。これらの情報より、物流コストのかからないパッケージサイズの選定やケース入り数の決定、軽量小型の製品開発などに生かします。食品、化学品分野での濃縮製品の開発は、パッケージの最小化の代表的なケースです。

なお、在庫情報を管理する専門部署がない企業では、営業・生産の両方にフィードバックするケースが多く見られます。

経営活動のアンカーを担う物流は、他部門に有益な情報を多く持ちますが、物流の重要性を強く認識しない企業では、物流の情報すら把握・整理できていない状況です。

反対に物流を重視し、その情報を効果的に分析・活用できている企業は、総じて物流部門を社長直轄組織とし、社内の有能スタッフを投入することで、一定の権限を持たせています。営業・生産部門の変革により、新たな戦略に打って出よう

と試みる企業では、物流情報が「眠れる価値ある資産」であることに気づいてい
ただきたいものです。

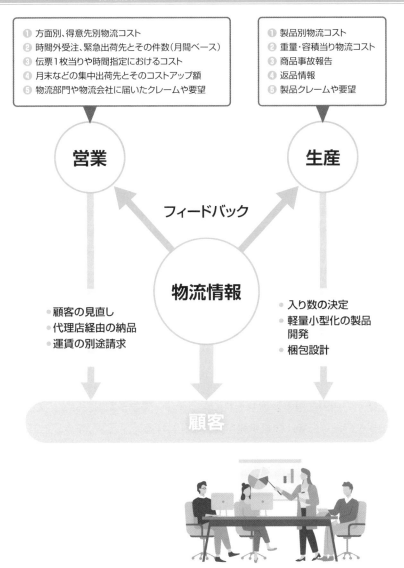

物流情報のフィードバックが利益につながる

① 方面別、得意先別物流コスト
② 時間外受注、緊急出荷先とその件数（月間ベース）
③ 伝票1枚当りや時間指定におけるコスト
④ 月末などの集中出荷先とそのコストアップ額
⑤ 物流部門や物流会社に届いたクレームや要望

① 製品別物流コスト
② 重量・容積当り物流コスト
③ 商品事故報告
④ 返品情報
⑤ 製品クレームや要望

営業

生産

フィードバック

物流情報

・顧客の見直し
・代理店経由の納品
・運賃の別途請求

・入り数の決定
・軽量小型化の製品
　開発
・梱包設計

顧客

在庫情報の落とし穴

物流と情報との関係において、在庫情報は経営を左右する重要な情報の1つです。在庫の滞留は資金が滞留することと同じですので、在庫数量や金額、在庫の回転数を正確に管理しなければなりません。

▶ データ在庫と実棚卸の差異と修正

PC上の**在庫情報**をこまめにチェックするだけでは、正確な**在庫管理**は行えません。なぜなら本来、在庫管理とは、自社で管理している商品の在庫数量および入出荷における数量管理を行うことで、データ上の在庫数と**棚卸**の実数が一致していることが理想だからです。

しかし、**在庫差異**が発生しないことは稀であり、その理由として次の3つがあげられます。①スキャンミスまたは読み間違い、②棚卸方法の不備、③入出荷時の数量検品ミスなどです。

ここで大きな落とし穴となるのが後からの修正作業です。本来なら差異報告を行い、補填などによって修正しますが、監視が行き届いていない現場ではデータ上の数字を変更することで差異ゼロをつくるケースもあるようです。ですがこれでは、正しい在庫管理とは到底言えませんし、「在庫＝お金」である以上、健全な経営ができていないことになります。

▶ 欠品

小売業での店頭在庫の管理やそれに伴う発注、**需要予測**において、**欠品**は販売機会の損失のみならず、物流情報を大きく狂わせる元凶となります。と言うのは、欠品が出てしまうと、店頭での**POSデータ**はその代替品となる商品をスキャンし、そのデータが本部に送られてしまいます。

発注のサブシステムがあればその誤情報が修正されますが、ない場合は普段は売れるはずのない代替品の出荷がかかると同時に、**発注点**を下回った在庫商品として発注がかかることとなります。このミスで悪循環が繰りかえされると、不動在庫の山をつくってしまいます。

▶ 在庫引当て

　一般的に**在庫管理**や販売システムでは、受注後、在庫の有無を確認したうえで出荷指示がかかります。その際、二重に引当てが発生したり、在庫有りと表示されたモノが在庫されていなかったりすることがあります。

　ほかにも、同時に複数の引当てがかかった際、在庫切れ表示が出てしまうような事例もあります。これは受注処理の方式とそのスピード、リアルタイムに機能しないシステムの不具合が主な理由とされています。

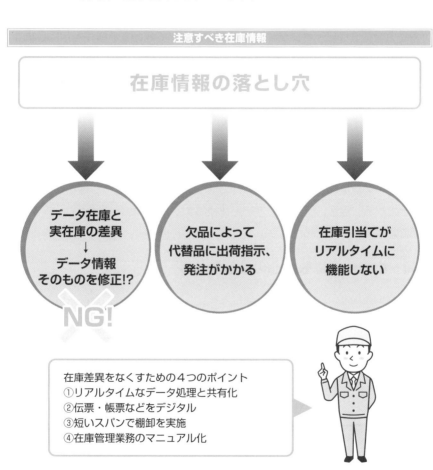

注意すべき在庫情報

在庫情報の落とし穴

データ在庫と
実在庫の差異
↓
データ情報
そのものを修正!?

NG!

欠品によって
代替品に出荷指示、
発注がかかる

在庫引当てが
リアルタイムに
機能しない

在庫差異をなくすための4つのポイント
①リアルタイムなデータ処理と共有化
②伝票・帳票などをデジタル
③短いスパンで棚卸を実施
④在庫管理業務のマニュアル化

第9章　物流は情報システムで進化する

9-5
センター運営を左右する入荷検品

　物流センターで注目される「精度」と言えば、ピッキング精度、在庫精度、出荷精度の3点があります。しかし、これらの精度を高めるには、まずは入荷受け入れ作業時の精度を上げることが先決です。

▶ 問題は後工程ではなく前工程にある

　多くの企業では**ピッキング**や**在庫管理**の後工程に注力する様子を目にします。これは決して間違いではありませんが、いくらピッキング、在庫、出荷の業務で管理やチェックを強化しても、大もとの「入り」の段階で間違いが発生していたのでは、センター全体の運営に影響しますし、後工程の労も報われません。

　したがって「入を制すれば出を制する」との考えから、前工程である入荷検品、入荷情報入力をより正確に行うことをお勧めします。

　入荷に関連し、特に注意したいのが、コンテナによる輸入品の対応です。目視できるケース数量は合っていても中身の入り数の過不足がしばしば起こっています。その場合、数量、品質の双方を全数検品することは困難ですので、抜き取り検品で対応します。

▶ 入荷～格納作業にも細心の注意を払う

　前工程において、入荷検品と同様に注意していただきたいのが、入荷品を棚に保管する「格納」です。

　格納時の注意ポイントとして、まずは、入荷した商品をあらかじめ定められた棚や**パレット**に確実に格納しているかチェックすること。それと同時に格納した数量を正確にチェックすること。さらに、当日出荷品と格納（在庫）品を間違えないなどがあります。

　これらの入荷・格納作業においては、入荷管理シートによる入荷チェックと管理者によるダブルチェックが基本ルーチンとなります。

　いずれにしても、後工程の改善だけでなく前工程、特に入荷業務の精度向上を図ることで、物流センター全体の機能向上につながることは確かです。

入荷の精度
〜入を制すれば出を制する〜

ピッキングの精度　　在庫の精度　　出荷の精度

●入荷管理シート

入荷検品チェック表

入荷日：　年　　月　　日

	1	2	3	4	5
商品CD					
商品名					
賞味期限	年　月　日	年　月　日	年　月　日	年　月　日	年　月　日
パレット組形態					
段数	段	段	段	段	段
パレット数					
入荷数量					

担当者名　　　　　　印

第9章　物流は情報システムで進化する

9-6
ハンディターミナルとバーコード

　ハンディターミナルは、製品や出荷伝票に印刷されたコードをスキャニングするデータ収集端末機器です。いまでは大きく普及した自動認識システムを活用することで、物流の情報システム化が実現します。

▶ ハンディターミナルとバーコードの活用例

　ハンディターミナルと**バーコード**の活用例として、**棚卸**業務、入出荷業務、作業指示、**トレーサビリティ**管理などがあります。対象となる情報媒体はバーコードの他、**二次元コード**、**OCR**（光学式文字読取装置）、**RFID**などを読み取る機種がラインナップされています。

　無線式のハンディターミナルの場合、作業実績データをリアルタイムにPCに送信することができ、データ収集や管理をより容易にします。また、バーコードリーダーには作業台に固定して使うタイプもあり、軽量品のスキャニングに便利ですし、両手がフリーとなるため作業性も高くなります。

▶ バーコード

　バーコードは、太さの異なる直線のパターンによって数字や文字のデータを、デジタル情報として入出力可能にする識別媒体です。またバーコードとは異なる方式でより多くの情報を入れることができる**二次元コード**が広く普及しています。物流の用途として使われるコードには**ITFコード**を筆頭に、**CODE39**や**CODE128**、**NW・7**などがあります。

▶ 複数のバーコードの正体は？

　製品によってはバーコードが2つ、3つつけられていることがあります。これは、日本規格の**JANコード**（商品識別コード）以外に、商品物流の標準シンボルである**ITFコード**、特定の店舗や団体が任意に添付するインストアコードであり、用途や目的、収集する情報によってそれぞれ設けられています。物流では**RFID**のシステムで運用される**ICタグ**活用の研究が進んでいます。

製品管理に不可欠な自動認識システム

コードリーダー（バーコード／二次元コード）

ハンドヘルド式

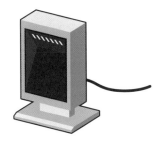

固定式

バーコード／二次元コード／OCR／RFID

（一次元）バーコード

二次元コード

OCR

（NEC HPより）

RFID

第9章　物流は情報システムで進化する

9-7

物流IT化を担うRFID

RFIDを物流に用いることで、入出荷検品、棚卸等の業務が大幅に効率化できます。また、SCMにおける貨物追跡や食品分野でのトレーサビリティへの活用など、物流IT化の主役としての期待が高まっています。

▶ RFIDとバーコードとの違い

バーコードは人が1点ごとにスキャニングする作業を必要とします。これに対しRFID（ICタグ）は、複数の商品情報を一括で読み取ることができるため、精度アップとスピード化に大きく貢献します。さらに、棚の高い位置にある商品や段ボール箱の中に入っている商品のタグも読み取ることができ、作業時間の短縮と負荷軽減等のメリットが生まれます。

ただしデメリットもあり、水が入ったペットボトルや金属製品にICタグを貼付した場合、電波が吸収・拡散され読み取りができなくなること。管理するアイテムと同数のICタグを用意するとなれば、バーコードに比べてコストが高くなることが導入の障壁となっています。

▶ 導入事例と今後の普及課題

米国のウォルマートが在庫管理にRFIDを導入したことで、物流分野での活用が一気に注目されました。そのほかにも、スターバックスが日本国内で副資材の在庫管理に導入し、日本通運がサプライチェーンの可視化の一環として国際航空輸送に貨物追跡システムを導入した事例があります。また、あるタイヤメーカーでは、トラックのタイヤ内にタグを入れ貨物追跡を実施する実証実験を行っています。

RFIDの普及拡大に向けた課題としては、一番はコストの問題があり、ICタグ1枚当り20〜30円のコストを数円レベルにまで下げること。そして、一度に大量処理する際のスキャニング精度の向上、不正使用時のプライバシーの保護などがあげられます。

RFIDを効果的に活用する事例も見受けられることから、今後はセンサー管理機能の活用など、物流分野での活躍の期待は大きいと言えます。

導入が進んでいるRFIDへの期待

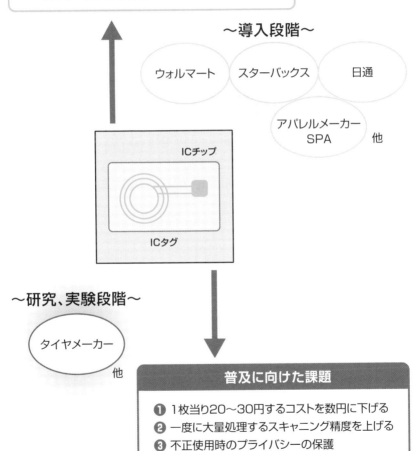

バーコードとの違い

1. スキャニングの範囲が大きい
2. 一度に大量のタグ情報を取り込むことができる
3. 印刷物ではないため、書きこみによる情報修正が可能なものがある
4. 電波による認識を行うため現場が見えなくてもスキャニングができる

～導入段階～

ウォルマート　スターバックス　日通

アパレルメーカー SPA　他

ICチップ

ICタグ

～研究、実験段階～

タイヤメーカー　他

普及に向けた課題

1. 1枚当り20〜30円するコストを数円に下げる
2. 一度に大量処理するスキャニング精度を上げる
3. 不正使用時のプライバシーの保護

9-8
物流EDI

EDIとは、電子データ交換により商取引を行う仕組みのことです。物流業界のEDIについては、同推進委員会が統一規格とする「JTRN」があり、運送依頼や完了報告、標準データ項目などが定義されています

▶ 物流EDIの範囲

EDIは1970年代にチェーンストアでの発注業務の効率化を目的に、流通業を中心に標準化されたフォーマットやルールが普及していきました。

物流業界におけるEDI、すなわち**物流EDI**は、狭義には流通業における受発注、出荷指示、店別**ピッキング**、検品、出荷、店舗納品までの流れにおいて、メーカー、卸と小売業との間で、**SCMラベル**や入荷予定データ（**ASN**）のやりとりを行うことと定義されています。

これに対し広義では、各情報システム会社が開発・提供するWeb-EDIや帳票管理システム、自動認識システムなど、物流に関わるデータ交換システム全般を示しています。また、物流EDIの標準化については、他業界でのEDI標準との互換性が求められています。

▶ 流通業で活躍する物流EDI

物流EDIの実際の運用を見ていくと、まずは、小売各店舗からの発注を本部で集約し、メーカーや卸に発注データを送信します。この発注データをもとにメーカーや卸は、物流センターに出荷指示を出します。物流センターでは店別ピッキングを行い、**オリコン**やケースに**SCMラベル**※または**ITFコードラベル**を貼付して出荷します。このSCMラベルには、製品名やメーカーなどの明細を識別できる情報が入っています。また、発注したものが**ASN**として事前にメーカーや卸から本部に送られ、物流センターにも転送されます。このデータをもとに入荷されたSCMラベル付きのオリコンやケースと照合が行われます。

SCMラベルやASNにより、店舗側での**ノー検品**が実現されていますので、物流EDIは、メーカー、卸、小売を通じた物流の効率化に大きく貢献しています。

※**SCMラベル**　Shipping Carton Markingラベルの略。商品を出荷する際に梱包した商品や納品箱に貼るバーコードがついた納品ラベルのこと。

物流EDIで情報伝達を行う

流通業における 受発注から店舗納品 までのメーカー・卸 とのデータ変換	**JTRN** （日本標準物流EDI）

SCMラベル

インテリジェントシステムHPより

ITFコード

0 491234567890 4

紀州技研HPより

入荷予定データ（ASN）

〈入荷予定一覧表〉

2009年8月5日
1/1ページ

	入荷予定日		2009年9月1日			

No.	仕入先	伝票No.	アイテム数	検品	
1	株式会社A	12354-134	3		
2	B株式会社	38561-456	2		
3	C株式会社	46826-435	13		
4	株式会社D	1351-231			
5	・・・・				
6	・・・・				
7	・・・・				
8					
9					
10					

第9章 物流は情報システムで進化する

9-9
倉庫管理システム（WMS）

　WMSとは、一般的に倉庫管理システムと呼ばれ、入出荷の作業進捗や保管ロケーション、在庫状況等の情報を一元管理するシステムです。WMSの導入より、倉庫内業務の品質や生産性が飛躍的に向上します。

▶ WMSの機能

　WMSは、**サプライチェーン・マネジメント**の一環として物流現場の運営をよりローコストかつ高品質なものにしていくためには欠かせないシステムであり、いまや多くの企業（荷主・物流事業者）が導入しています。活用の範囲は広く、**バーコード**管理による**トレーサビリティ**、**先入れ先出し**による賞味期間管理などもカバーし、物流センターの能力アップに貢献しています。

　システムの主な機能としては、①**入出荷検品**、②入庫指示、③**ピッキング**、④入荷ラベル発行、⑤**SCMラベル**発行、⑥**返品**、⑦**棚卸**、⑧**ASN**データの作成、⑨作業進捗管理、⑩ホストシステム連携、⑪作業生産性データ収集などがあり、デジタルピッキングなどの自動化機器との接続が可能です。

▶ WMSの展開例

　WMSの展開例では、①日別在庫管理の実現、②ハンディターミナル、無線機器、**ICタグ**導入による積み込み作業の削減、③食品、医療分野における**トレーサビリティ**管理、④外部倉庫、自社倉庫を含めた複数拠点での在庫の一元管理、⑤**二次元コード**による在庫情報の詳細管理、⑥製品容積管理による保管棚の自動割付の実現、⑦**物流EDI**化による**在庫管理**の精度向上、⑧複数クライアント、販売ルートに対する出荷精度の向上などがあります。

　以上の展開を行う場合、現場マネジメント業務の明確化や見直しを必要としますが、従来は人海戦術やセンター長の能力に依存していた物流センターも、WMSを新たに導入することで高度な運営を実現しています。また以前のWMSは、専用のパッケージソフトやカスタマイズが一般的でしたが、近年はASPやクラウドサービスでの提供が進み、低コストで導入できるようになりました。

物流センターにおけるWMSの活用

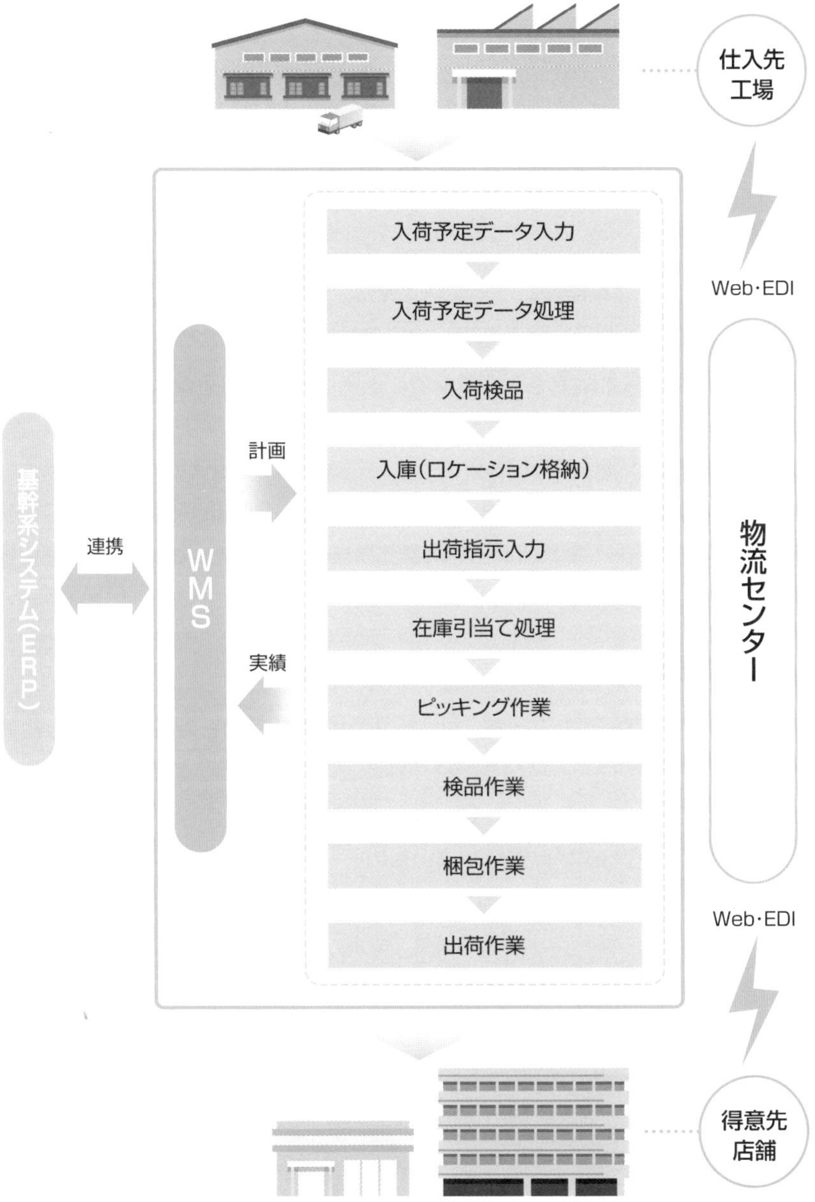

仕入先
工場

入荷予定データ入力

入荷予定データ処理

入荷検品

入庫（ロケーション格納）

出荷指示入力

在庫引当て処理

ピッキング作業

検品作業

梱包作業

出荷作業

Web・EDI

物流センター

Web・EDI

基幹系システム（ERP）

連携

計画

実績

WMS

得意先
店舗

9-10
輸配送管理システム（TMS）

TMSとは、配車管理、車両運行管理、運行動態管理、輸配送集計管理を行うシステムです。配車業務の効率化や1台当りの売上、実車率、積載率の算出などにより、ムダの排除、コスト削減を図ることができます。

▶ TMSの機能

TMSには主に次の機能があります。①**WMS**との連動により送り状情報と合わせて配車を組む、②車両台数の見直し、最適配送ルートのための配車計画、③貨物の位置と到着時間を把握する貨物追跡、④運行計画に対する実績の照合機能などです。

さらに輸配送集計管理の機能も設けられ、①受注入力（運送依頼）、②配車入力、③日報入力、④運賃計算、⑤請求書作成、⑥支払計上、⑦実績管理などがあります。これらの機能を活用し、車両別損益や得意先損益のチェック、**人件費**総額、備車量、金額などの管理を行うことで利益化を図ります。

▶ TMSの展開例

物流センターと輸配送の連携により、1つの物流フローが形成されるため、**WMS**と**TMS**も有機的なつながりを持たせることが不可欠です。物流センターという概念を持たないメーカーや必要としない**TC**（通過型センター）では、物流に占める輸配送の割合および重要性が高いため、TMS単独での導入も多く見受けられます。特に繊維、鉄鋼、食品などのメーカーや資材メーカーでの導入が盛んです。

さらに自社車両を運用する物流事業者での導入も多く、荷主ニーズ、**コストダウン**要請への対応、社内の業務改善等の狙いがあります。また、多種多様の物流事業者との取引が発生する大手メーカーや**3PL**事業者には有効なツールでもあります。

その一方、配車を計画的に組めない卸や即納サービスが武器の企業ではTMSの活用が難しく、計画配車ではなく随時配車を基本とするため、帰り便の確保も含めて配車マンが車両の手配と調整業務を担っています。

TMSの活用で輸配送を管理する

TMSの主な4つの機能

① WMSと連動し、送り状情報と合わせて一覧画面上に配車を組む

② 車両台数の見直し、最適配送ルートの設定を行う配車計画づくり

WMS ⬌ **TMS**

③ 貨物が現在、どこに位置し、到着までの時間を知るなどの貨物追跡

④ 計画と実績を管理し、その差異を改善するための運行管理

輸配送集計管理のための7つの機能

① 受注入力（運送依頼）

② 配車入力

③ 日報入力

④ 運賃計算

⑤ 請求書作成

⑥ 支払計上

⑦ 実績管理

MEMO

グローバル化で変わる物流

　資源が乏しい日本は、他国から原料を輸入し加工した製品を輸出する加工貿易で経済成長を遂げてきた国です。さらにこの30年間は、産業界のグローバル化が大きく進むなか、物流においても海外とのつながりが強く求められるようになりました。とりわけ輸入・輸出量の多い東南アジアとの物流を、従来に増して強固にしたいというニーズが高まっています。

　こうした状況下、最近は中国でのコロナ対策の都市封鎖によって、数百隻に上るコンテナ船が滞留したことは記憶に新しいところです。さらにロシア・ウクライナ紛争による貿易の停滞の影響を受けた企業も多く、物流についても貿易に関する必要最低限の知識を持っておく必要があります。

　この章では、外資系の物流関連事業者や国内の主要港、中国物流の概要、グローバル物流におけるコンプライアンスのポイントなどを解説します。

10-1
インランドデポの活用

インランドデポとは、開港や税関空港から離れた内陸部に設けられた通関物流基地のことで、内陸貿易港とも呼ばれています。これを利用することで、輸出入経費の削減やリードタイムの短縮ができます。

▶ インランドデポの活用メリット

インランドデポは、輸出入貨物の通関機能と保税機能を併せ持つ点が大きな特徴で、消費税未納の輸入貨物や輸出許可済みの輸出貨物の長期蔵置を可能（原則2年間）としています。

現在、国内内陸部の各地にインランドデポがあり、港からインランドデポの間の輸送は保税輸送となるため、消費税がかからないことや港での通関待ちの混雑回避というメリットもあります。そのほか、インランドデポを利用するメリットとして次の点があげられます。

---

①インランドデポを起点に、輸出貨物を最も利便性の高い仕出港に搬送できるため、輸送ルートの選択肢が広がり、物流の効率化を図ることができる。

②地域が不便なことを理由に間接貿易を行っていた事業者が、近隣にインランドデポが設置されることで直接貿易が行いやすくなる。

③外国貨物の状態で仕分けや値づけなどの簡単な流通加工ができる。

④法規制の変更や諸事情により輸入貨物の引き取りが困難になった場合、外国貨物の状態のまま積み戻しができる。

⑤デポの敷地内に海外から持ち込まれる展示会などの出展物や資材などを、関税、消費税とも未納のまま展示、使用できる。

▶ グローバル化を支援するインランドデポ

従来は民間企業が輸出入の許可申請を行う際、貨物のセキュリティ管理や**コンプライアンス**体制が厳重に審査され、その申請手続も面倒でした。しかし、2007年10月より「特定保税承認制度」が導入され、コンプライアンスに優れた特定申

請事業者には税関への届出制が認められるようになりました。

これによりインランドデポ開発の期待も高まり、東北における**国際物流**の拠点である仙台港を起点とした促進協議会の発足をはじめ、**サプライチェーン**の推進基地として新潟国際貿易ターミナルが認定されるなど、地方におけるグローバル化が進んでいます。

メリットの多いインランドデポ

保税輸送による
**輸送コスト
ダウン**

通関手続時間
短縮による
**リードタイムの
短縮**

**インランドデポ
の
メリット**

コンテナの
ヤード直送による
**積み換え作業
コストのダウン**

地元でのB／L
（船荷証券）発行による
**資金回収の
早期化**

通関待ちのための
保管がなくなる
ことによる
**保管コストの
ダウン**

内陸と港湾間の物流効率化に向けたコンテナラウンドユースの推進において、インランドデポの整備が進んでいる。

10-2
外資企業の物流の特徴

外資系企業の多くは、日本への進出に際し優良な物流パートナーを求めています。ただし外資系企業には、物流に関しても共通した特有の傾向が見受けられますので、その点を押さえておくと良いでしょう。

▶ まずは協業先の選定に問題あり

外資系企業が日本に進出した際の物流に関しては、「3PL企業一括発注」「本国の基幹システムとの連携を重視」など、右の図表に示した共通の特徴が見受けられます。その7番目に示したように、ある特定の国内物流事業者と協業関係を組むものの、物流の進め方、コスト構造、商習慣や言葉などの違いなどから、良好なパートナーシップの構築に大きな支障があらわれています。

特に外資系企業は、大手路線会社と輸配送インフラを構築する傾向がうかがえます。そのため、広域地場の物流事業者が強みとするルート配送や、きめ細かなノウハウを活用できず、さらには、日本の物流を支えている優良中小物流事業者のノウハウの恩恵をも受けることができていないようです。その結果、大半の外資系企業は日本市場に参入したものの、「最適な物流インフラが構築できずに、物流コストが割高になった」というケースをよく耳にします。

▶ 郷に入れば郷に従え

外資系企業特有の本社主導のロジスティクス戦略はもちろんのこと、システム重視、現場軽視の傾向は、日本での物流推進には不向きと言えるでしょう。やはり日本固有の物流文化、習慣、コスト構造を的確に受けとめ、日本仕様のロジスティクスを構築していく取り組みが不可欠です。

このように考えると、アマゾンの日本での成功はきわめて貴重なケースであり、これを手本に最近はロジスティクスの責任者を日本人スタッフに任せる外資系企業も見られます。しかしながら、その日本人責任者の多くが、外資系企業を渡り歩いてきた人材のため、なかなか日本仕様の物流に組み替えられないという問題も顕著になっています。

日本企業と異なる外資企業の物流の特徴

外資系企業

特徴
1
3PL企業に一括発注する場合が多い

特徴
2
本国の基幹システム（SAPなど）との連携を重視する

特徴
3
ロジスティクスマネージャーのような物流専門の明確な責任者が、国内のロジスティクスに対し全権を持つ

特徴
4
日本を含め世界レベルで契約している数社のフォワーダーの絞り込みによる指定取引

特徴
5
フォワーダーの絞り込みにより、航空運賃のボリュームディスカウントを成立

特徴
6
3PL事業者へのアウトソーシング（むしろ丸投げ）

特徴
7
コンペ方式で物流パートナーを選定するが、国内物流事業者との進め方、コスト構造、商習慣や言葉の違いによって、選定した企業がうまく機能しない場合が多い

第10章　グローバル化で変わる物流

10-3
日本の物流市場における外資系企業

　日本の物流市場で活躍する外資系企業は、不動産、フォワーダー、情報システム、輸送車両メーカーなど多岐にわたります。日本固有の物流ニーズや商習慣への柔軟な対応が成功のガキと言えるでしょう。

▶ 物流不動産

　プロロジス、AMBプロパティジャパン、ラサールは、日本での物流施設を専門とする外資系の不動産企業です。これら3社合計で約90物件に携わり、いずれも延床面積3万～10万m²クラスの大規模施設が中心です。開発資金は不動産投資信託（REIT）[*]の活用が特徴的ですが、国内倉庫事業者も一部でREITを組成する動きもあり、地場優良企業を中心に外資勢に応戦しています。

▶ 航空フォワーダー

　米国系のフェデックス、UPS、ドイツポスト、TNTなどの大手**フォワーダー**に加え、最近は中堅フォワーダーが日本市場への参入を進めています。これは寡占状態であっても、米国、欧州、アジアの三極での貨物の獲得が不可欠であるとの判断によるものです。またフェデックス、UPS、DHLは、これまで国内物流事業者との協業で輸配送ネットワークを築いてきましたが、最近では自社便によるドア・ツー・ドアのサービスを展開しています。

▶ 情報システム、輸送車両メーカー

　WMSならびにSCM関連のシステムでは、その発祥地の米国のマンハッタン・アソシエイツやi2テクノロジーズなどが代表的な外資系企業です。言語対応の拡大やコストセーブによって日本企業への導入事例も多く見られます。また、トラック車両も10トン車以上の大型車両を主力に、ベンツ、ボルボといった外資企業が進出しています。国内シェアこそ高くはないものの、固有のブランド力を武器に根強いファンを獲得しています。

＊**不動産投資信託（REIT）**　投資者から集めた資金で不動産投資を行い、そこから得られる賃貸料収入や不動産の売買益を原資として投資者に配当する商品のこと。

世界の物流関連企業が日本市場に参入している

物流不動産

- プロロジス
- GLプロパティーズ
- ジョーンズ・ラング・ラサール
  他

航空フォワーダー

- フェデックス
- UPS
- キューネ&ナーゲル
- パナルピナ
- ドイツポスト
- TNT　　　　他

JAPAN

情報システム・トラックメーカー

- マンハッタン・アソシエイツ(WMSシステム)
- i2テクノロジーズ(SCM)
- ダイムラーベンツ(大型トラック)
- ボルボ(大型トラック)　　他

第10章　グローバル化で変わる物流

10-4
グローバル化で活躍するフォワーダーとキャリア

フォワーダーとは、輸出入の通関業務や運送手段の手配等を行う事業者のことで、自ら輸送手段を持って実輸送を行う事業者をキャリアと呼びます。国際貿易において、両者は持ちつ持たれつの関係にあります。

▶ 国際貿易を一括するフォワーダー

国際輸送を取り扱う**フォワーダー**は航空系と船舶系に分かれますが、最近は複合一貫輸送のニーズが強く、多くのフォワーダーが両方に対応しています。国際航空貨物の取扱量は、年間130万トン強、市場規模にして約5,000億円と言われ、**日本通運**、近鉄エクスプレス、郵船航空サービスなど国内大手3社でマーケットシェアの約50%を占めています。船舶系フォワーダーでは、NVOCC(非船舶運行業者)日本通運、山九、日新などがあります。

外資系フォワーダーについては、ユーロ統一の影響からダンザス、DHL、エアボーンがドイツポストの傘下に入りました。また、スイス系のパナルピナ、オランダ国営のTNTがあり、米国系ではフェデックスとUPSがあります。

▶ 実輸送を担うキャリア

キャリアにも航空系と船舶系があります。航空会社のノースウエスト航空やシンガポール航空は、旅客事業と兼業で貨物輸送を行っています。また、フォワーダーでもあり自社でキャリアまで行うフェデックス、TNTのようなタイプもあります。船会社ではNSC(ドイツ)、エバーグリーン(台湾)、マースク(デンマーク)、OOCL(香港)、コスコ(中国)などが代表的です。

国内の航空貨物専門のキャリアは、日本貨物航空(親会社・日本郵船)とANA&JPエクスプレス(親会社・全日本空輸)の2社があります。フォワーダーとキャリアの連携は緊密なため、通関業務を含め大手航空フォワーダーが、船舶フォワーダーの役割を果たす場合が多くあります。これに対し、中小の船舶系フォワーダーは船舶輸送に特化しています。

世界の主なフォワーダーとキャリア

● 世界の主要フォワーダー

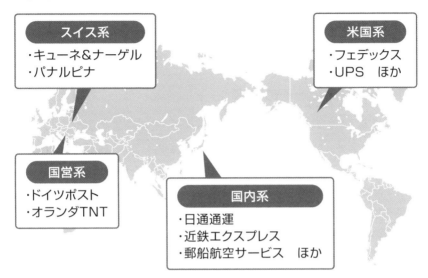

● 主要キャリア一覧

	航空	船舶
外資	(旅客兼業) ・ノースウエスト航空 ・シンガポール航空　　ほか (貨物専門) ・フェデックス(アメリカ) ・TNT(オランダ)　　ほか	・NSC(ドイツ) ・エバーグリーン(台湾) ・マースク(デンマーク) ・OOCL(香港) ・コスコ(中国)　　ほか
日本	・日本貨物航空 ・ANA&JPエクスプレス　　ほか	・日本郵船 ・商船三井 ・川崎汽船　　ほか

第10章　グローバル化で変わる物流

10-5
アジア主要国との貿易による荷動き

「世界の工場」と言われる中国を中心に、日本ではアジア諸国との間の貿易が年々拡大してきました。そこで中国を筆頭に、他のアジア諸国との貿易における荷動きの動向を見ていきます。

中国からの輸入品とその物流

世界の工場と言われる中国からは、輸出を中心とした物流で占められています。国別で見るとアメリカ、香港、日本の順に多く、品目別では工業製品、機械輸送設備、雑製品の順となっています。各種品目のうち、**リードタイム**が長くてもよい製品、重量物、安価な製品、潮風に影響を受けない製品等の輸送には主に船舶が利用されます。

その一方、輸送途中の製品および商品は「流通在庫」と位置づけられますので、換金化を早めたり、在庫の回転を高めたりするため、**物流コスト**は高くなるものの敢えて航空輸送を使う企業も多くあります。

日本との物流では上海港と博多港を結ぶ高速船輸送があり、リードタイムも翌日着が可能なため、鉄道輸送との組み合わせ（Rail&Sea）も利用されています。

韓国、ベトナム、タイの輸出入

韓国からの輸出は、国別に中国、アメリカ、日本の順に多く、品目別では石油製品、半導体、自動車の順となっています。輸入では国別に中国、日本、アメリカの順で、品目別では原油、半導体、鉄鋼製品の順となっています。

ベトナムからの輸出は国別にアメリカ、日本、中国の順に多く、品目別では縫製品、電話機・同部品、原油の順となっています。輸入では国別に中国、韓国、日本の順で、品目別では機械設備・同部品、コンピュータ電子製品・同部品、石油製品の順となっています。

タイからの輸出は、国別に中国、日本、アメリカの順に多く、品目別では自動車・同部品、コンピュータ・同部品、宝石・宝飾品の順となっています。輸入では国別

に日本、中国、アメリカの順で、品目別では原油、機械・同部品、電気機械・同部品の順となっています。

中国およびアジア諸国の輸出入

●「世界の工場」中国からの輸出

	輸出	
	国別	品目別
1位	アメリカ	機械輸送設備
2位	香港	雑製品
3位	日本	紡績製品、ゴム製品、鉱産物製品

●その他アジア主要国の輸出入

		韓国		ベトナム		タイ	
		国別	品目別	国別	品目別	国別	品目別
輸出	1位	中国	石油製品	アメリカ	縫製品	中国	自動車・同部品
	2位	アメリカ	半導体	日本	電話機・同部品	日本	コンピューター・同部品
	3位	日本	自動車	中国	原油	アメリカ	宝石・宝飾品
輸入	1位	中国	原油	中国	機械設備・同部品	日本	原油
	2位	日本	半導体	韓国	コンピューター電子製品・同部品	中国	機械・同部品
	3位	アメリカ	鉄鋼製品	日本	石油製品	アメリカ	電気機械・同部品

2012年度／日本貿易振興機構（ジェトロ）HP参照

10-6
港湾・空港など日本の貿易拠点

国際貿易の振興は、今後のわが国の経済成長を左右する重要テーマと言っても過言ではありません。世界との取引をより活性化するには、港湾や空港といった貿易拠点のさらなる機能強化が求められています。

▶ 日本の主要な輸出入港

国内の主要な港湾として、関東圏では東京港、横浜港、関西圏では大阪港、神戸港、中京圏では名古屋港があり、空港では成田空港、関西国際空港、中部国際空港があります。これらの周辺には、燻蒸施設や保税倉庫、コンテナヤード、出張税務署など、輸出入に必要な各種施設があります。

また、港湾ではバース、空港では滑走路など、大型の船舶や輸送機が数多く発着できる設備を整えるには、大規模な投資を必要とします。しかし日本ではその投資が各地に分散してしまったため、海外にとって魅力のある港を整備しきれない状況にあります。

▶ 釜山港がアジアのハブ港に

国内外の輸送事業者や企業にとって魅力のある港の条件として、まずは、リーズナブルな使用料があげられます。しかし日本の港湾や空港は、用地確保から建設までに要したコストが反映され、世界の中でも高額とされています。次に、24時間の使用が可能なことです。そのためには労働力の確保が不可欠ですが、国内では清水港が24時間稼動を行っています。さらに、待機時間の少なさとスピーディな荷役作業、税金がかからないことなども大切な条件です。

以上の条件を満たす釜山港は、アジアの**ハブ港**としての地位を確立しており、さらなる拡張を図っています。これに伴い日本の横浜、神戸などの主力港は、後れをとっている状況です。

今後は世界経済における外為レート、生産シフトなどの変化により港での取扱量の優劣が顕著にあらわれ、しかも、国の港湾政策によってモノの流れが世界レベルで激変することが予想されます。

国内の主な輸出入港

魅力のある港の条件とは・・・

1. 停泊料および空港使用量が安価なこと
2. 24時間使用可能であること
3. 待機時間が少ないこと
4. 港湾での荷役作業が早く終了すること
5. 税金がかからないこと(TaxFree)

アジアのハブ港

釜山港

東京港
成田空港
名古屋港
横浜港
神戸港
大阪港　中部国際空港
関西国際空港

10-7
中国物流の特徴と課題

中国には上海、北京、青島、香港、深圳、武漢、広州といった物流拠点があります。WTO（世界貿易機関）加盟による市場開放政策を受け、世界の物流事業者やメーカー各社が現地法人をつくっています。

▶ 品質よりもコスト優先の中国物流

米国のフェデックス、UPS、ドイツポスト、デンマークのマースクなどの外資企業が中国の**国際物流**マーケットの約80％を占めています。また、中国国内では船舶が50％強、鉄道が30％強、トラックが10％強と、船舶、鉄道による割合が高くなっています。これは石炭や鉄鋼などの重量物資源の輸送割合が高いことに加え、道路網の未整備が主な理由とされます。

かつて中国の物流は安価なコストが大きな魅力でした。そのためアパレルや食品分野では人手を要するラベル貼りや仕分け、検品の一部などの流通加工を賃金の安価な中国へとシフトするケースが多く見られました。しかしながら最近の中国の総物流コストを対GDP比率で見ると、2019年は14.7％と日本の約9％と比べ高い水準が続く状況にあり、同比率の引き下げを要請する意見書が提出されるほどです。

▶ 中国物流の課題と今後の方向性

中国物流における課題として、①荷扱い、時間管理、**梱包**（資材含む）作業などの品質向上、②物流人材、人手の確保、③物流知識、ノウハウの習得、④中国政府からの規則・条件への対応などがあげられます。また今後の方向性としては、①膨大な需要を持つ中国国内における物流インフラの構築、②他の貨物との混載、**流通加工**が可能な物流圏区の有効活用などがあります。

さまざまな課題を抱えながらも、まだまだ中国物流への依存度は高く、その中で、多岐にわたる中国政府の制約をクリアしていくことも大きな課題です。外資系の物流事業者と中国の物流事業者との間の過当競争から価格低下が進み、それが品質向上の障害となることも危惧されています。

中国物流の特徴・課題・今後の動向

国内の物流手段

- 船舶　　50%強
- 鉄道　　30%強
- トラック　10%強

日本と比較し
トラック輸送の
割合が少ない

中　国

台頭する外資物流事業者

- アメリカ(フェデックス、UPS)
- ドイツ(ドイツポスト)
- デンマーク(マースク)
- 日本(日通、近鉄エクスプレス)
- その他諸国

国際物流マーケットの
80%が外国勢で
占められている

これからの課題

❶ 荷扱い、積み込み、時間管理、
梱包(資材含む)作業などの
品質向上

❷ 物流人材、人手の確保

❸ 物流知識、ノウハウの習得

❹ 中国政府からの規制・条件
への対応など

これからの動向

❶ 膨大な需要を持つ中国国内に
おける物流インフラ構築

❷ 保税エリアと違い他の貨物と
の混載、流通加工が可能な
「物流圏区」の有効活用

第10章　グローバル化で変わる物流

10-8
新規需要を狙う日本の物流事業者

日本の物流事業者は、新たな需要獲得のための対応を強化しています。なかでも中国、ベトナム、ロシア、インドなどに向けて、大型施設の建設、物流インフラ網の構築などの布石を打っています。

▶ 中国、ベトナム、ロシア、インドへの進出

主なマーケット分野は、日本から輸出する自動車、電機、精密機械などです。中国では、**日本通運**と大手商社が上海を中心とした主要物流拠点において、トラックでの輸配送インフラを構築し、福山通運が中国最大手の誠通集団と全面的な提携を結んでいます。

中国以外の国での活動も顕著です。ベトナムでは、日本郵船がハノイ近郊に延床面積約1万4,000m²、日本通運が約1万m²の大型倉庫を建設し、中国やタイの生産部品を保管し、完成品メーカーへ供給する仕組みをつくっています。またロシアでは、近鉄エクスプレスがシベリア鉄道を使い、極東からモスクワ方面まで鉄道輸送する複合一貫輸送を行っています。そしてインドでは、日本郵船がベトナム同様に大型倉庫を建設し、日本通運がインド国内の物流事業者を買収し、主要都市を結ぶトラック輸配送インフラを構築しています。

これらは一部の動きですが、このように大手の**特積会社**、**フォワーダー**、船会社などが、大手商社や現地の大手物流事業者と手を結び進出しています。

▶ 進出に向けた課題

新しい国に進出するには、不安定な政治情勢の問題をはじめ、金融、為替レートの安定化のほか、次にあげる課題があります。①現地提携企業との利害の一致、②現地提携企業との戦略、方針の同一化、③現地の日本人派遣スタッフの治安および安全対策、④現地スタッフとのコミュニケーション、⑤保護主義政策転換などによる法規制の対応、⑥現地業務の品質向上、⑦品質向上に向けた教育、訓練プログラムの作成、⑧自動車、電機、精密分野などに偏らない物流分野の開拓などがあげられます。

新しい国に進出する日本の物流事業者

近鉄エクスプレスがシベリア鉄道を使って、複合一貫輸送サービス（Sea&Rail）を行っている

ロシア

- 日本通運と大手商社が上海を中心に主要物流拠点でのトラック輸配送インフラを構築している
- 福山通運が中国最大手の誠通集団と全面的に提携している

- 日本郵船が大型倉庫を建設
- 日本通運がインド国内の物流事業者を買収し、主要都市を結ぶトラック輸配送インフラを構築している

中国

ハノイ近郊に日本郵船と日本通運が1万㎡クラスの大型倉庫を建設、中国やタイ国内での生産部品を保管し、完成品メーカーへ供給する仕組み（VMI）をつくっている

インド

ベトナム

進出にあたり対応すべき10の課題

① 政治情勢の安定化
② 金融、為替レートの安定化
③ 現地提携企業との利害の一致
④ 現地提携企業との戦略、方針の同一化
⑤ 日本人派遣スタッフの治安および安全対策
⑥ 現地スタッフとのコミュニケーション
⑦ 保護主義政策転換などによる法規制の対応
⑧ 現地業務の品質向上
⑨ 品質向上に向けた教育・訓練プログラムの作成
⑩ 自動車、電機、精密分野などに偏らない物流分野の開拓

第10章　グローバル化で変わる物流

10-9
国際貿易のコンプライアンスと
セキュリティ

米国で起こった同時多発テロ以降、国際物流のセキュリティやコンプライアンスが強化されました。世界的に円滑な貿易を求める声は強く、関税法の見直しによる輸出入通関手続の簡素化・迅速化が進んでいます。

▶ 優良事業者にメリットのある通関制度

2001年3月に導入された「簡易申告制度」は、法令遵守を条件に承認を受けた輸入者が、継続的な輸入の指定を受けた貨物を、納税申告の前に引き取ることができる制度です。

また、2006年3月に導入された「特定輸出申告制度」は、法令遵守等を条件に承認を受けた輸出者が、貨物を保税地域に入れることなく輸出の申告を行い、その許可を受けることができる制度です。いずれも**コンプライアンス**を確立している優良事業者にとっては、通関手続の簡素化・迅速化を実現する制度であり、顧客のサービスにも大きな差が出ています。

なお、これら制度に関連し、国際海上コンテナにおける**セキュリティ**対策では、**マニフェスト***に記載された情報を船積みの24時間前までに提出することが求められており、そのほかにも、セキュリティ強化責任者に対するインセンティブが進められています。

▶ その他の改善の取り組み

米国同様、テロの被害を受けたEUなどでも優良事業者の認定を2008年1月より開始しました。その他の取り組みとして、①物流セキュリティガイドラインの作成、②**シングルウィンドウ**と呼ばれる港湾EDIシステム、**通関情報処理システム**（**NACCS**）などを活用した輸出入・港湾関連手続のワンストップサービスの構築、③**船舶保安国際コード（ISPSコード）**による船舶、港湾施設の国際保安規則の策定などがあります。このように米国同時多発テロは、**国際物流**に対するコンプライアンスおよびセキュリティ強化の大きなきっかけとなりました。

---

*マニフェスト 積荷目録に相当する書類のこと。主に危険物の輸入防止のために使用される。

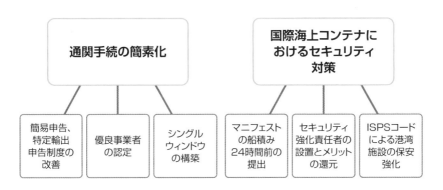

国際物流におけるコンプライアンス・セキュリティ強化の取り組み

通関手続の簡素化

- 簡易申告、特定輸出申告制度の改善
- 優良事業者の認定
- シングルウィンドウの構築

国際海上コンテナにおけるセキュリティ対策

- マニフェストの船積み24時間前の提出
- セキュリティ強化責任者の設置とメリットの還元
- ISPSコードによる港湾施設の保安強化

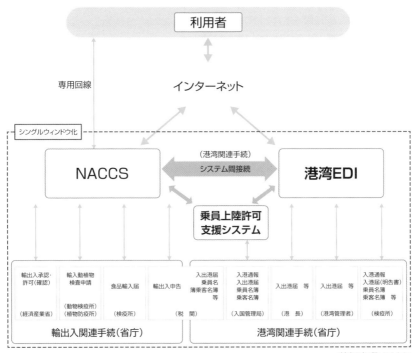

輸出入・港湾手続のシングルウィンドウ化のイメージ

利用者

専用回線　インターネット

シングルウィンドウ化

NACCS　　(港湾関連手続) システム間接続　　港湾EDI

乗員上陸許可支援システム

| 輸出入承認・許可(確認)（経済産業省） | 輸入動植物検査申請（動物検疫所）（植物防疫所） | 食品輸入届（検疫所） | 輸出入申告（税関） | 入出港届乗員名簿乗客名簿等（税関） | 入港通報入出港届乗員名簿乗客名簿（入国管理局） | 入出港届 等（港長） | 入出港届 等（港湾管理者） | 入港通報入出港届(明告書)乗員名簿乗客名簿 等（検疫所） |

輸出入関連手続(省庁)　　港湾関連手続(省庁)

首相官邸HPより

第10章　グローバル化で変わる物流

10-10
日本の物流は**トップレベルか？**

日本の物流は、品質、サービス等の面で世界的にどれほどのレベルにあるのでしょうか。物流にも世界的な競争力が求められる中、日本の強みをいかに発揮していくかが勝負と言えるでしょう。

▶ 「良質」を追求する日本の物流

米国発の物流では、**ウォルマート**の物流と情報システム、**SCM**などの概念形成、国際物流におけるコンプライアンスの仕組みなどがあります。これに対し日本は、きめ細かな物流品質や顧客ニーズへの対応などは、世界のトップレベルにあると言えます。特に物流センター内におけるピッキング、ラベル貼り、値づけ、検品などの正確性を求められる作業技術は非常に高水準です。

それを実現した背景として、①世界に誇るモノづくり技術のノウハウが物流分野にも反映されている、②日本人特有の器用さや几帳面さが、物流に生かされている、③高い労働意識を持った人材の確保、④顧客の要求レベルの高さ、⑤狭い国土でトラック輸送が主体となるため「届いて当たり前」という感覚が強い、などがあげられます。

▶ 運営レベルで群を抜く日本の物流

日本と欧米のを比較した場合、日本の物流は「運用レベルで群を抜いている」と言うことができます。

具体的な事例をあげると、①欧米では生産性向上のために自動化機器を積極的に導入するが、日本ではヒトの管理と教育、コミュニケーションなどによる人的な取り組みから改善を進めていく、②日本には卸という特有の中間業態が流通において重要な役割を果たし、取り扱い品目がメーカーの10倍以上、売り先も多数に渡るため、**ピッキング**、**在庫管理**、小口仕分けなどにおいて高度なオペレーションが求められる、③流通業での店舗納品時間の厳守は基本サービスであり、±15分レベルから外れるとクレームとなる、④製品の外形梱包も製品の一部と位置づけられ、へこみや傷レベルのダメージでも返品される場合が多いなどがあります。

物流レベルが高い日本の背景

背　景

❶ 世界に誇るモノづくり技術の流れを物流分野においても一部取り込まれている

❷ 日本人特有の器用さや几帳面さが、物流の運営にも反映されている

❸ 高い労働意識を持った人材の確保

❹ 顧客の要求レベルの高さ

❺ 狭い国土でトラック輸送が主体となるため「届いて当たり前」という感覚が強い

具体例

① 欧米では生産性向上のために自動化機器を積極的に導入するが、日本ではヒトの管理と教育、コミュニケーションなどによる人的な取り組みから改善を進めていく

② 日本には卸という特有の中間業態が流通において重要な役割を果たし、取り扱い品目がメーカーの10倍以上、また売り先も多数にわたるため、ピッキング、在庫管理、小口仕分けなど高度なオペレーションが求められる

③ 流通業での店舗納品時間の厳守は基本サービスであり、±15分レベルから外れるとクレームとなる

④ 製品の外形梱包は製品の一部として位置づけられ、へこみや傷レベルのダメージでも返品される場合が多い

世界トップレベルの物流運営力／顧客ニーズへの適応力

第10章　グローバル化で変わる物流

MEMO

物流DX（デジタル・トランスフォーメーション）

　2024年4月1日より、トラックドライバー職にも「働き方改革関連法」で定められた年間時間外労働の上限が960時間に制約されます。ドライバーの労働時間の減少により、運送会社の売上低下をはじめ物流コストの上昇などさまざまな影響や問題が生じるとされ、これを「2024年問題」と言います。

　「2024年問題」の解決とあわせ、持続可能な物流構築に向け国土交通省は、「総合物流施策大綱（2021～2025年度）において、デジタル技術の活用による「物流DX」を強力に推奨しています。物流DXは、物流標準化ならびに自動化の推進による従来のビジネスモデルの革新を指標とするものですが、サプライチェーン全体が最適化されることで、労働集約型産業の代表格である物流業界固有の課題を解決する施策として大きな期待を集めています。

　そこで本章では、物流DXによってもたらされるいくつかのソリューションをはじめ、実際の推進事例を紹介します。

物流DXで課題解決

ビジネスデータやデジタル技術を駆使した物流DXにより、生産性向上、コスト削減、時間短縮等が実現されます。これらの取り組みによるビジネスプロセスの再構築は、物流業界にとって喫緊の課題です。

▶ 物流DXの狙い

物流DXの意義を端的に言えば、物流におけるヒト、モノ、カネ、情報を効果的に組み合わせ、高付加価値な業務ならびにサービスを生み出すことです。具体的には庫内作業スタッフとドライバーなどの「ヒト」、トラック、フォークリフト、物流センター、マテハン機器などの「モノ」、代引きや代金決済のフルフィルメントなどの「カネ」、そして、在庫量、輸送量、車両運行、作業進捗などの「情報」を、デジタルシステムにより効率化し、ビジネスの価値向上を図ることです。

特に物流という産業は、長時間の労働集約産業の代表格であり、有史以来、作業人数に依存してきました。**ドライバー不足**をはじめ、労働人口の減少が深刻化しつつある今日の日本では、**レイバーコントロール**の実践、多能工化、ロボティクスの導入などによる省人化が急務となっています。

▶ デジタル化のアプローチポイント

物流DXの基盤として、現在の物流現場でも効率化や品質向上の取り組みは行われています。**バース予約システム**の導入による非効率業務の是正。ハンディターミナルを用いた**ピッキング**・**検品**システムによるスピード化と品質の向上。**二次元コード**や**ICタグ**（**RFID**）などを用いた情報の共有化と業務フローの簡素化などがあげられます。

これら既存の仕組みをデジタル化することで、より一層ローコストで付加価値の高い業務にレベルアップされます。その際のポイントとなるのが、①課題・問題点からのアプローチ、②顧客および荷主ニーズからのアプローチ、③「あるべき姿」に対するギャップ是正からのアプローチなどであり、いずれかを起点に取り組むことが望ましいでしょう。

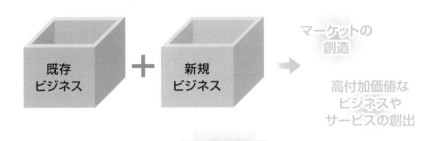

物流DXの狙い

既存ビジネス ＋ 新規ビジネス →

マーケットの創造

高付加価値なビジネスやサービスの創出

| 作業スタッフ ドライバー 乗組員 パート・アルバイト 他 | トラック 物流センター 倉庫 マテハン機器 他 | 代金決済 フルフィルメント 代引き 他 | 在庫量 輸送量 車両運行 業務進捗 他 |

ヒト × モノ × カネ × 情報

＋

Something New

❶ 業務・作業時間の短縮

❷ 省人化　❸ ビジュアル化　❹ 業務品質の向上

❺ 業務フローの短絡化　❻ その他（働き方改革など）

第11章 物流DX（デジタル・トランスフォーメーション）

11-2
情報伝達ツールとしての物流DX

高付加価値物流を実現するには、現場ごとの情報をリアルタイムに収集・伝達する機能が不可欠です。無形のサービスを提供する物流業界にとって、デジタル化による情報伝達機能の強化は大きな武器となります。

▶ 安全輸送の確保

災害級の大雨や大雪などが発生した場合、当該エリアを走行するドライバーに対し道路情報をリアルタイムに提供することができれば、安全運行に大きな効果が得られます。たとえば、A地点で大雨、暴風雨に遭遇したドライバーが、スマートフォンか車載端末カメラでその情報を会社に送信します。受信した担当者は対象となるエリアのB地点のドライバーへ送信し、「待機」「業務続行」「ルート変更」などを判断・指示することで危機を回避できます。

▶ 荷待ち時間の解消

すでに開発・運用されているコミュニケーションツールとして**バース予約システム**があります。物流会社が納品先となる物流センターのトラックバースでの荷受け・荷卸しを事前予約しておくシステムですが、これは物流会社の待ち時間の解消だけでなく、荷主企業の**ASN**データのビジュアル版として、作業進捗確認、必要人員の調整などにも役立っています。これは残業時間の短縮につながることから、**2024年問題**および**働き方改革**に有効なシステムとされています。

▶ ホウ・レン・ソウのDX化

あらゆる組織においてホウ（報告）・レン（連絡）・ソウ（相談）の徹底は不可欠です。事後報告、全体連絡、事前相談の仕組みに**DX**を取り入れることができれば、従業員の質は飛躍的に向上するでしょう。これにより、社員、パート・アルバイトなど全スタッフに向けダイレクトに水平展開することができます。「5S」で言えば、「躾（しつけ）」に相当する部分を、DXにより仕組み化することで日々の業務がより能動的に進化します。

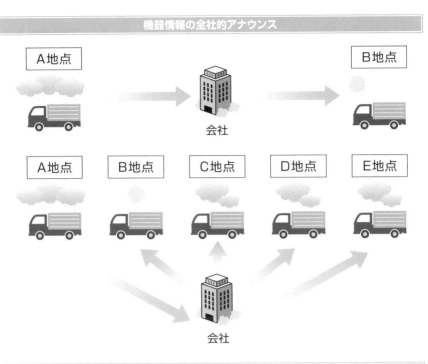

機器情報の全社的アナウンス

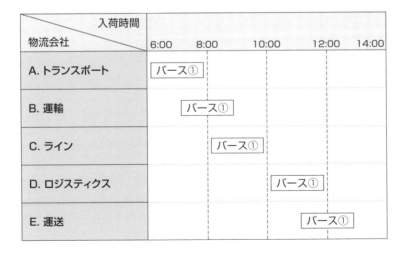

バース予約システムの管理画面

物流会社＼入荷時間	6:00	8:00	10:00	12:00	14:00
A. トランスポート	バース①				
B. 運輸		バース①			
C. ライン			バース①		
D. ロジスティクス				バース①	
E. 運送					バース①

11-3
情報共有ツールとしての物流DX

「情報は求めているところに集まる」と言われます。デジタル技術を用いてスピーディかつ的確に情報を共有化することで、リスクマネジメント、トラブルシューティング、課題解決等に大きな効果を発揮します。

▶ 事故、クレーム、改善方法、システムデータの情報共有化

　物流会社の多くは、事業所での労務管理やクレーム処理、人の採用などを現場完結型で運営しています。また、本社や他事業所間とのつながりはほとんどなく、現場で起きた大半の問題は事業所単独で解決されます。さらに近年は、クラウドシステムの普及により、事業所間のオンライン対応が増えてきました。

　そこで今後の**DX**の推進で有効なのが、「商品・車両事故情報の共有化」です。破損・汚損などの商品事故、あるいは車両運行に関わる事故をデジタル情報でリアルタイムに共有化すれば、事故に対する対処方法を早期に下せます。事故への対処をスピーディにとり行えば、顧客やエンドユーザーへの被害を最小化することができます。

　次に、「クレームの共有化」があります。物流会社および顧客双方の現場がリアルタイムにデジタルでつながれば、クレームの原因が一目瞭然となります。これにより、クレーム対応に要する時間と実質的な究明作業が不要となるわけです。

　そしてDXは、**コストダウン**などの「改善方法の共有化」にも有効です。たとえば、月1回の所長会議で発表されていた改善報告が、DX化によりリアルタイムに「現場改善フォルダ」に共有化することで、改善実態がよりわかりやすくなります。

　最後に「システムデータの共有化」はDX化の本流と言えるでしょう。**WMS**と**TMS**の共有化による**3PL**の強化など、システム間の共有化には大きなシナジー効果期待され、**物流DX**の中核を担うものとなります。

　新型コロナウイルスの感染拡大によって、多くの企業がモバイルワークや在宅勤務などの導入を余儀なくされました。こうした「働き方の変化」がDXを加速させ、デジタル化された情報の共有化とリアルタイムな知の終結に大きく貢献したと言われています。

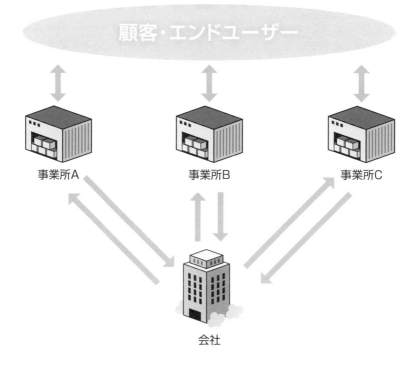

顧客、事業所、本社間との情報共有化

顧客・エンドユーザー

事業所A　　　　　事業所B　　　　　事業所C

会社

DXの4大共有化テーマ

商品・車両事故の
共有化

クレームの
共有化

改善方法の
共有化

システムデータの
共有化

11-4
見える化ツールとしての物流DX

長年言い尽くされている「見える化」の多くは「数値化」にとどまるものであり、さらなる分析が必要です。DX化により、情報、コスト、業務プロセスが「目で見てわかる」、真の見える化が実現されます。

▶ 物流センター・倉庫の見える化

物流センターや倉庫の運営・管理を現場責任者に任せっきりという会社が多くあります。在庫商品の盗難対策、繁忙期における人員の確保は、現場責任者には手に余るもので、本社サイドからの監視と対応が求められます。こうした問題に対し、カメラの設置による物流現場のモニタリング（**見える化**）、は最低限必要な機能と言えるでしょう。これにより、盗難であった場合は人物を特定でき、また繁忙期には残業時間の削減が果たせます。

▶ 輸配送の見える化

ドライバーが長時間労働となっている場合、疲労や眠気、不注意から事故を招く可能性があります。法で定められた出発前点呼やアルコールチェックを遵守していても、一旦、出発するとドライバーの自己責任となります。出発後も運行管理者による労務管理が必要であり、帰社後にドライブレコーダーをチェックするだけでは事後対策となってしまいます。そこで、車内のドライバーの様子を映すモニタリングカメラを搭載することで、安全・安心な職場づくりに役立ちます。

▶ 数値化されたKPIをビジュアル化

物流KPI※の導入によりコストや**生産性**の指標を定め、さらに現場改善の成果までを数値化したものの、「数字だけでは実感がない」という声が聞かれます。これに対し、さらなる**可視化**を求めたある物流会社では、KPIをビジュアル化するプロジェクトに取り組みました。具体的には、人時生産性を測定できるモニタリングカメラを開発・導入し、作業生産性がどれだけ向上しているか、目で見て判断できる体制にトライしています。

※**物流KPI** （物流）Key Performance Indicatorの略。物流管理が適切か否かを確認するための指標で、実車率や積載率等の指標がある。

乗務中の労務管理がドライバーの安全・安心の支えとなる

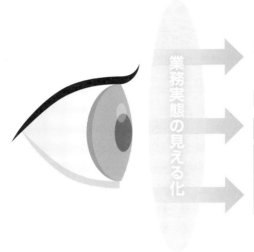

業務実態の見える化

車内カメラで乗務の実際を
モニタリングする

KPIを見える化する対象例

- 人時生産性（作業生産性）
- 作業品質　● 保管効率
- 在庫精度　● 定着率

ソリューションとしての物流DX

ソリューション型のシステムが世の中に数多く出ていますが、その大半は「問題解決」に及ぶものではありません。最大の問題は、利用者の教育指導や改善意識、運用スキル、DXの度合等に起因すると考えます。

▶ WMSの普及と活用

近年の物流のシステム化において、大きなインパクトをもたらしたのが**WMS**です。多くの**3PL**企業や卸売業は、WMSを活用したソリューションにより物流サービスの向上を推進しています。

反面、WMSを効果的に使いこなしている会社は意外に少ないものです。入荷、格納、**ピッキング**、**検品**、出荷などの作業をハンディターミナルで管理するのみで終始する会社も少なくありません。**レイバーコントロール**、**物流KPI**の算出、**ABC分析**による効率的なロケーション、レイアウトの作成などへの活用により、物流現場の問題が飛躍的に改善できます。

▶ WMSとTMSの融合

物流センターや倉庫内の作業を管理するWMSに対し、輸送車両の納品時間、積載率、走行距離・走行時間などの管理に特化したシステムとしてTMS（輸配送管理システム）があります。先に解説したWMSの機能を最大限に活かすことができれば、次のステップではWMSとTMSとの融合を検討しましょう。それにより、①トラックバースへの着車時間管理、②出荷量に応じた車両サイズと車両台数の確定、③出荷、出発時間管理など、入荷車両、出荷車両の管理を実現することができます。

因みにTMS固有のソリューションとして、新規業務での配送ルートの作成、既存ルートの刷新などに効果的な自動配車機能があります。新規の納品先が増えた場合、いままでは配車担当者が新たな配送ルートを作成していましたが、自動配車システムでは**AI**と**OR**[*]により、人の経験や労力に依存することなく自動的に最適な配車を行うことができます。

---

[*]**OR** Operational Researchの略。意思決定にかかわる科学的なアプローチのこと。

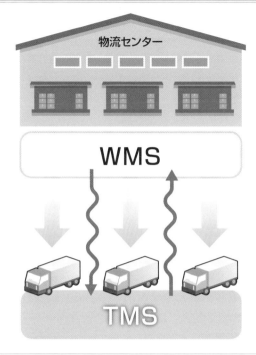

WMSとTMSが融合すると……

物流センター

WMS

TMS

- トラックバースへの
  着車時間管理
- 車両サイズと
  車両台数の確定
- 出荷締切、
  出発時間管理

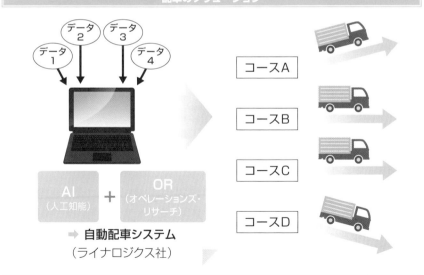

配車のソリューション

データ2　データ3
データ1　データ4

コースA

コースB

コースC

コースD

AI（人工知能）＋ OR（オペレーションズ・リサーチ）

→ 自動配車システム
（ライナロジクス社）

11-6
需要予測ツールとしての物流DX

物流コストを押し上げる要因の1つに「波動」があります。物流は他の業種より需要予測が困難とされていますが、DXでより正確な需要予測が可能になれば、波動への対応やコスト上昇をコントロールすることができます。

▶ なぜ波動が生まれるのか？

物流に**波動**はつきもので、年波動、季節波動、月波動、週波動、曜日波動、時間波動等があります。物流の運営ではこれらの波動を過去のデータから分析し、次の波動を予測しますが、正確な予測は困難です。その理由は、エンドユーザーの購買活動を予測できていないからであり、セール、キャンペーン、展示会などの販促活動を物流側が掌握することは容易ではありません。

物流を最適化するには、小売側の販促活動にリンクした運営が求められます。米国の大手小売のウォルマートは、「Everyday Low Price」による販売を特徴としていますが、これは物流の波動をつくらないための手法の1つです。

ECの市場が急速な成長を遂げた今日、販売活動の多様化により**需要予測**が従来に増して困難になってくると思われます。もはや物流業界においても、**ビッグデータやDX**の活用により需要予測の精度を高め、事前に波動に備えなければ生き残れない時代と言えるでしょう。

▶ ローコストロジスティクスの実現に向けて

なぜ**需要予測**による**波動**へ対応が必要なのかと言うと、それは最少必要人員と車両台数を用意することで、ローコストロジスティクスを実現するためです。これらのリソースを過不足なくそろえることで、コストメリットが期待される物流の価値を最大化することができます。

すなわち、需要予測という未知の**可視化**によって、あらかじめ最適な準備、組織体制を整えることで、作業ミスの削減、最適人員の配置、労働時間の短縮など、作業品質や作業生産性の向上につなげることができ、最終的にローコストロジスティクスが実現されるという構想です。

ビッグデータの活用によるローコストロジスティクスの実現

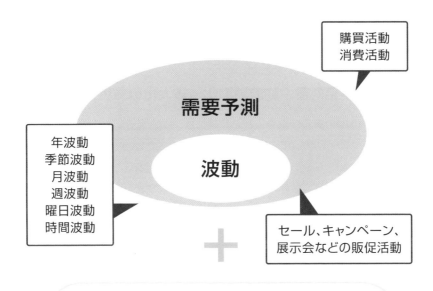

購買活動
消費活動

需要予測

波動

年波動
季節波動
月波動
週波動
曜日波動
時間波動

セール、キャンペーン、
展示会などの販促活動

＋

ビッグデータ

ローコストロジスティクスの実現

● 作業品質の向上　　● 作業生産性の向上
● 在庫の最適化　　　● 配送の最適化

11-7
物流におけるAI・IoTの活用

DXを物流革新の最終的な「目的」とすれば、デジタル技術は目的を実現するための「手段」となります。物流におけるAIやIoT※活用の期待が高まりつつあるなか、これらデジタル技術の導入によって、物流のどのような問題が解決されるのでしょうか。

▶ AIは労働力不足対策、物流効率化・省人化の救世主

物流の分野に**AI**の導入が求められる背景には、物流業界特有の過酷な労働環境と、近年深刻となってきた労働力不足があります。したがって、物流に関わるさまざまな業務の効率化・省人化こそが、AI活用の目的と言えるでしょう。

たとえば運送業では、荷主からの輸送依頼にAIソフトウェアを導入することによって、自動受注のみならず、貨物のマッチングによる共同配送や往復実車の実現、貨物情報の共有化による**検品**レスなどが、人の判断に頼ることなく実現され、作業改善にもつなげることができます。

またAIを活用した現場の問題点の**可視化**により、具体的な改善策を講じることができます。特に物流現場における働き方改革の推進では、現場の仕事の課題を定量的に把握することで見える化を実現し、残業時間を減らすことができます。

▶ データ収集の立役者としてのIoT

IoT※も物流の進化に有効な新テクノロジーとして期待されています。AIとIoTはよく混同されますが、AIが「データを分析して活用する技術」に対し、IoTは「データを集めるモノ」と考えればわかりやすいでしょう。

IoT活用の代表的な事例として、**WMS**への応用があります。物流センターの入出庫・**在庫管理**などをトータルで行うWMSに**RFID**を導入し、荷物1つひとつの位置情報をリアルタイムに把握できれば、在庫の照会、**補充**、履歴管理などを自動化することができます。

また**TMS**による輸送車両の管理にIoTデバイスを搭載すれば、荷物の積載情報や配送場所、配送時刻などのデータを効率的に収集でき、生産性の向上に役立てることができます。

※**IoT** Internet of Thingsの略。「モノのインターネット」と訳され、あらゆるモノをインターネット（あるいはネットワーク）に接続する技術のこと。

AIを活用した配送ルートの自動作成

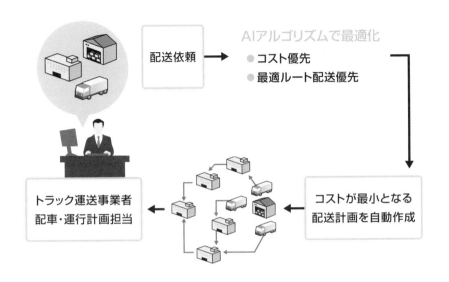

RFIDを活用した物流センターでのIoT

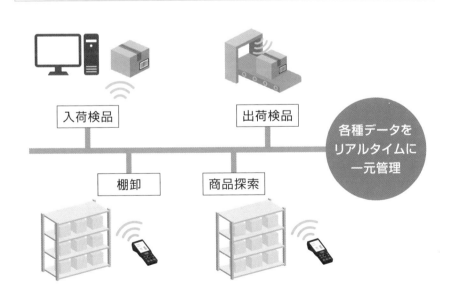

第11章 物流DX（デジタル・トランスフォーメーション）

247

11-8
SIPスマート物流サービスの取り組み

物流情報のデータ化・デジタル化を促進する国の方針として、「SIPスマート物流サービス」が示されました。物流の全体最適を図ることで、30%の生産性向上を目標とする革新的な取り組みに、各界からも大きな期待が寄せられています。

▶ 物流・商流データのプラットフォームの構築

SIPスマート物流サービス[*]とは、**サプライチェーン**全体の最適化を図ることで、物流・商流分野でのデータを活用した新しい産業や付加価値を創出し、物流・小売業界の人手不足と低生産性の課題解決に向けた国家プロジェクトです。その推進に向け、まずはデータを蓄積・解析・共有するための「物流・商流データプラットフォーム」の構築が急がれています。

そして、国内外のサプライチェーン上のさまざまなプレイヤーが持つ物流・商流データを、**IoT**、**AI**、**ビッグデータ**解析等のデジタル技術を活用し、同プラットフォーム上に集積・共有・**見える化**していきます。これをベースに、サプライチェーン上の垂直・水平プレイヤー間のコネクティビティを高め、高い物流品質の維持と荷主・消費者の多様な選択肢の確保を同時に達成しながら、新たなサービスやテクノロジー等の価値の創造につなげていくことを最終目標としています。

▶ モノの動きと商品情報の見える化

物流・商流データプラットフォームの役割は、モノの動きと商品情報を**見える化**することです。商品が、今、どこにどれだけの量あるのかを見える化できれば、メーカーの生産にしても、物流の入荷や在庫にしても計画的に実行しムダな動きが最小化されます。また、限られた輸配送資源でより多くの商品を運び、輸配送時間を短縮することも可能となります。

もう1つの商品情報の見える化については、その情報が**サプライチェーン**で標準化、共有化されることで、生産・保管・出荷・輸送・販売等の各レイヤーで商品個別の情報を**可視化**することできます。現状で広く普及している**JANコード**やITF

---

[*]**SIPスマート物流サービス** SIPとは、内閣府が2014年に創設した戦略的イノベーション創造プログラム（Strategic Innovation Promotion Program）のこと。この一環として2020年に国土交通省より、新たな物流基盤の構築に向けた「スマート物流サービス」が策定された。

コードは、商品そのもの、もしくは入数を表示するバーコードですので、製造年月日、梱包番号、品質保証日、発注番号などのデータは表現できません。しかも、フォーマットが各社バラバラで統一されていない課題もあります。

　以上の指針と課題から、**SIPスマート物流サービス**では**RFID**に着目しています。一括読取による効率化、データ容量の多さ、商品の個別識別などのメリットが得られます。

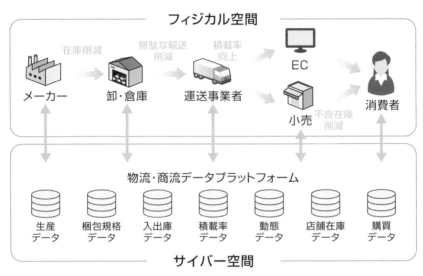

「モノの動きと商品情報の見える化」のイメージ

生産された商品が消費者に購入されるまでに多くの工程を経ます。物流・商流のデータ収集・管理に、RFIDをはじめとする最新の技術を活用することで、「何が」「いつ」「どこにあるのか」をリアルタイムに把握しながら、不良在庫やコスト増等のリスクを最小限に抑えることができます。

> SIPスマート物流では、物流・商流データ基盤を活用した新たなビジネスモデルの構築により、物流分野の30%の生産性向上が目標とされています。これによる経済インパクトは年間7.5兆円に相当すると言われます。

11-9
物流の課題を解決するブロックチェーン

近年の物流業界では、デジタル化の大きな促進剤としてブロックチェーンの活用が注目されています。この技術はサプライチェーンを構成する企業間のデータの共有化に有効なことから、物流管理システムに実装している企業も見られます。

▶ ブロックチェーンとは何か

ブロックチェーンとは、データ構造とデータの管理方法の組み合わせによってデータの改ざんを防ぐ技術です。別名「分散型台帳」とも呼ばれ、ビットコインなどの仮想通貨、NFT（偽造不可能な鑑定書・所有証明書付きのデジタルデータ）などの分野で用いられています。つまり、ブロックチェーン技術を活用することで、コピーが容易なデジタルデータに対し、唯一無二な資産的価値を付与することが可能となるのです。

ブロックチェーンは、不特定多数の人間によって管理される分散型台帳ですが、特定の人・企業間でのみ共有できるブロックチェーンを**コンソーシアムチェーン**と言います。**ドライバー不足**対策、物流・商流の効率化等の問題解決が求められる物流業界では、このコンソーシアムチェーンの活用に期待が高まっています。

サプライチェーンでは、異なる企業間で別々の帳簿を持つ必要がなく、デジタルデータの入口から出口までの全てを1つの帳簿で管理することができます。また、コンソーシアムチェーンには、あらかじめ設定した条件に従って自動で実行される**スマートコントラクト**という機能が搭載されています。これまでは人間が手動で操作していたオペレーションを全てこの機能に任せることで、煩雑なデータ管理や人的ミスをなくすことができます。

▶ ニトリのホームロジスティクスでの活用事例

物流企業での**ブロックチェーン**活用事例では、ニトリの物流子会社であるホームロジスティクスの物流システムがよく知られています。同社におけるブロックチェーン活用の狙いは次の3点です。

①紙伝票の撤廃

　契約や決済情報をブロックチェーンで管理することで、従来の紙伝票の管理で発生していた確認の手間やリスクなどを解消するともに、**サプライチェーン**全体で納期短縮を推進する。

②運営会社との情報共有

　提携運送会社のドライバー1人ひとりのスキルを把握し、その情報を運営会社と共有することで適材適所の人員配置を行う。

③積載率の向上

　提携運送会社との共同管理が可能なブロックチェーンを活用することで、他社の荷物も共同配送し、1車両当たりの積載・輸送効率を高めていく。

ブロックチェーンによる物流管理のイメージ

これまでの問題点

各過程でデータ・情報が分断されているため、物流過程で不正があっても発見が不可能

これからの解決策

ブロックチェーンで製品情報の履歴が記録されるため、改ざんは困難・追跡可能で不正を排除

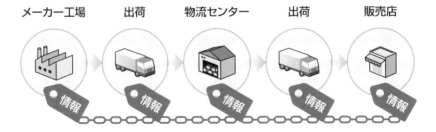

メーカー工場　　出荷　　物流センター　　出荷　　販売店

川上から川下までの作業実績と商品個体の情報を、サプライチェーンを構成する各社が共有管理する。

11-10
フィジカルインターネットの進展

　EC貨物の急増や積載効率の低下、ドライバー不足等により、物流における需給バランスが崩れつつあるなか、物流業界の諸課題を輸送・物流サービスの完全な相互接続で解決する仕組みとして、フィジカルインターネットの構築が検討されています。

▶ インターネットの考え方を物流に適用

　フィジカルインターネットとは、トラックなどが持つ物理的な輸送スペースと、倉庫が持つ物理的な保管スペースに関する情報を物流会社同士で利用しあうことで、物流リソースの稼働率を向上させる考え方です。これはインターネットのパケット交換の仕組みを物流にも適用したもので、フィジカルなモノの輸送・仕分け・保管等を変革することから、フィジカルインターネットと呼ばれています。

　フィジカルインターネットに期待される効果としては、輸送・保管スペースの稼働率を高めると同時に、トラック等の燃料消費量を抑制し環境への負荷を減らし、持続可能な社会の実現を目ざす点にあります。

　フィジカルインターネットは、いわばデジタル技術をベースとした共同物流の仕組みであり、物流の共同化という点ではさらに以下の3つが条件となります。

①輸送車両や倉庫などの物流リソースをシェアしあえる協業関係
②荷物のサイズを標準化するなど積荷の積載効率を高める工夫
③情報システムを各社が共通して利用できるプラットフォームの構築

▶ フィジカルインターネットの実現に向けた事例

①中ロット荷物の共同配送「JITBOXチャーター」

　ヤマト運輸、**日本通運**、西濃運輸など運送事業者15社が、JIT納品とロールボックス1本単位での共同配送を開始。（2006年）

②ビールメーカー4社による北海道道東エリアでの共同物流

　アサヒ、キリン、サッポロ、サントリーが、JR札幌貨物ターミナル駅構内の倉庫を4社共同拠点とし、各社の荷物を混載配送。（2017年）

③食品メーカー5社による共同の物流会社「F-LINE」

　味の素、ハウス食品グループ本社、カゴメ、日清フーズ、日清オイリオグループが、食品物流の共同物流プラットフォームを構築。（2019年）

④コンビニ大手3社による共同配送

　ファミリーマート、セブンイレブン・ジャパン、ローソンが、共同配送センターの設立による相互納品を実施。（2020年）

フィジカルインターネットの実現イメージ

Before フィジカルインターネット

荷物の出し手がトラックを占有するため、トラックの積載率が低い

荷物の出し手　　　　　　　　　　　　　　　　　　荷物の受け手

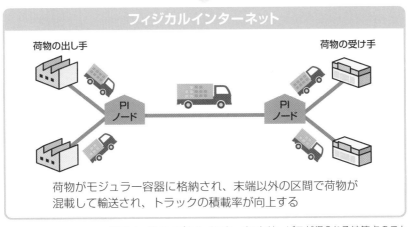

フィジカルインターネット

荷物の出し手　　　　　　　　　　　　　　　　　　荷物の受け手

PIノード　　　PIノード

荷物がモジュラー容器に格納され、末端以外の区間で荷物が混載して輸送され、トラックの積載率が向上する

※PIノード：フィジカルインターネットサービスが得られる結節点のこと

MEMO

近未来の
ロジスティクス

　世界情勢や消費行動の急速な変化により、物流ならびにロジスティクス業界を取り巻くビジネス環境は激変しています。これと同時に、以前から指摘されてきた人手不足やコスト上昇、労働環境の改善などの課題もより一層深刻化する事態となりました。

　そこで本章では、こうした課題解決に向けた最新の技術を中心に、今後10年のうちに起こり得るロジスティクス革新やサプライチェーンのあるべき形を解説していきます。これら近未来のロジスティクスの行方から、物流業界の皆さまが何を指標にどのような取り組みをなすべきかなど、イノベーション推進の一助となればと考えます。

12-1
物流のロボティクス

作業生産性の向上や労働負担の軽減等のニーズから、物流のロボティクスが急速に進んでいます。今後は、ロボットと人の融合により、どのように付加価値を創出していくかが大きな課題となります。

▶ 配送のロボティクスにはこんなものがある

配送の**ロボティクス**の代表では**ドローン**があり、いまは試験段階を終えて実用段階に入っています。長距離輸送や重量物の配送には不向きですが、限られたエリア内での短距離輸送や人が入り込めない危険なエリアなどへの配送では、今後の活躍が大いに期待できそうです。

楽天では通販での購入者に対しての配送実験を繰りかえし行っています。また、緊急災害地域における食料品、医薬品などの輸送実験などでも配送実験が行われており、「第三の輸送手段」として大きく期待されています。

▶ 物流センターでのロボティクス

物流センターで導入されている**ロボティクス**には以下のようなものがあります。

台車に載った商品をカルガモの引越しのように非接触で誘導しながら、数台のカートを搬送することができるキャリロ（ZMP社）という無人搬送機が活躍しています。これには無人誘導型と有人引導型の2タイプがあり、現場の状況にあわせて使い分けができます。

また、ロボティクスを活用した**ピッキング**により作業性が大きく改善されています。従来のように人が棚まで歩いて商品を取りに行くのではなく、逆に棚のほうを作業者がいる場所に移動させてピッキング作業を行う、バトラー（Grey Orange社）という自動搬送ロボットがあります。このピッキングシステムは、アマゾンの物流センターで大きな効果を生んでおり、他の物流企業でも導入が進んでいます。

さらに最近は、ロボットアームが商品単体を識別しながらピッキングするピースピッキングロボットも開発されています。

DJI社製（QS8）物資輸送用ドローン

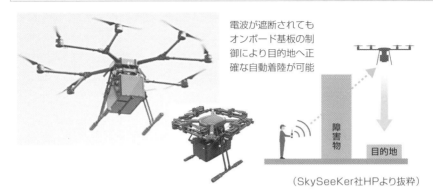

電波が遮断されても
オンボード基板の制
御により目的地へ正
確な自動着陸が可能

障害物

目的地

（SkySeeKer社HPより抜粋）

CarriRo（キャリロ）

カルガモモード運用イメージ

カルガモモード運用イメージ（ZMP社HPより抜粋）

Butler（バトラー）

（GreyOrange社HPより抜粋）

12-2

物流センターのロボティクス事例

限りなく省人化を図ったロボティクス型の物流センターと言えば、アマゾンが有名です。そのほかにも、ニトリ、アスクル、トラスコ中山など、EC物流の拡大に対応し、物流センターのロボティクス化を推進しています。

▶ ニトリのAutoStore

ホームロジスティクスが運営するニトリの物流センターには、ロボットストレージシステムのAutoStore（オートストア）が導入されています。これは商品を保管するコンテナをロボットが、作業者のいるワークステーションに自動搬送してくれるシステムです。

その最大の特徴は、ロボットが入出庫を繰りかえすうちに商品ごとの出庫頻度を学習し、頻度の高い商品を覚え込んでくれることです。また、高頻度商品をストレージの上層に集約することで、出荷に要する自動的に短縮してくれます。しかも、翌日の出荷予定情報をもとに、あらかじめ取り出しやすい位置にコンテナを並べてくれます。AutoStoreの導入により、**ピッキング**の作業効率は4.5倍に高まり、在庫スペースは約半分に改善されたそうです。

▶ アスクルのASKUL Value Center関西

アスクルが2018年に立ち上げたASKUL Value Center関西（AVC関西）は、法人向けのASKULと一般向けのLOHACOの2つの**EC物流**をカバーする物流センターです。アスクルは、自社の物流拠点や物流網を他企業に提供するシェアリング型の物流・マーケティングプラットフォーム事業を推進しており、AVC関西では**サプライチェーン**の**生産性**向上をコンセプトに、ロボティクスモデルの確立を推進してきました。

AVC関西に導入されているロボティクスには、1台で1トンの**パレット**積み荷物を自動搬送するロボット、商品コンテナをピッカーが待機する場所まで運んで来てくれるロボット、バラ積みピッキングや箱詰め箱の自動化を実現したロボットアーム型のピッキングロボットがあります。

● トラスコ中山のプラネット埼玉

　トラスコ中山のプラネット埼玉は、約39万アイテムにもおよぶ工具・工場副資材を在庫する物流センターです。膨大な在庫数量を抱える物流センターでは、商品を高密度で収納し、なおかつ効率よく出荷することが最大の課題となります。

　そこで同社は、高効率な保管と出荷を同時に実現するAutoStoreを導入。さらに、商品棚ごと作業者の元へ届けてくれる自走型搬送ロボットのButler（バトラー）を73台導入しました。因みに、AutoStoreは最大460件／hの入出庫を可能とし、Butlerは1,000件／hの入出庫能力を発揮しています。

完全自動化された未来の物流センター

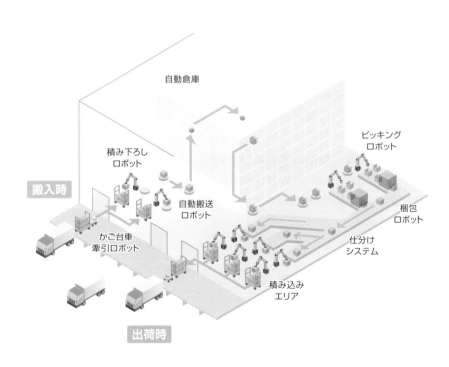

※完全自動化された物流センターでは、実際に作業をする人間の姿が消え、システム全体を監視・制御するオペレーション業務が主体になるでしょう。

12-3
トラックの隊列走行（自動運転）の実用化

経済産業省と国土交通省は、トラック輸送の安全性や運行効率の向上、さらにはドライバーの雇用環境の改善等を目ざし、2025年以降を目途にトラックの自動運転による隊列走行の実用化が進められています。

▶ トラック隊列走行実用化の効果

トラックの**自動運転**による隊列走行とは、2台以上のトラックが高度な通信技術※や運転を支援する先進の安全技術※などを用い、車間距離を自動で保ちながら隊列を組んで走行することです。これは主に高速道路での走行を想定したもので、2018年1月には新東名高速道で初の公道を使った実証実験が行われました。その実用化は、物流の危機を救う一大プロジェクトと位置づけられており、官民が一体となった本格的な実証走行が重ねられています。

トラックの隊列走行に期待される効果としては、次の諸点があげられます。

---

①交通事故の削減（運転ミスの低減と疲労軽減による安全性の向上）

②運転負荷軽減と労働環境の改善（ドライバー不足対策）

③安定走行による輸送品質の向上

④CO₂排出量削減（空気抵抗の軽減や車速変更の減少による燃費改善）

⑤協調走行による渋滞が発生しやすい箇所の緩和等、道路利用率の向上

▶ 実用化に向け解決すべき課題

これまでに実施されたトラックの隊列走行の実証実験は、同一車線上で追従走行を行う「後続有人隊列」（レベル2）でしたが、いずれは完全な**自動運転**による「後続無人隊列走行」（レベル3、4）への進展が計画されています。

将来的に一般の車両と同じ道路を利用する場合、まずは社会の認知や受容性が実用化の最大の課題であり、特に高速道路のインターチェンジやサービスエリアでの分岐・合流、車線変更時の安全確保が重要と考えられます。さらに自動運転

※……**通信技術**　隊列を組んだ車両同士が走行状況をリアルタイムで伝達する技術。

※……**安全技術**　衝突被害軽減ブレーキ、定速走行、車間距離制御装置（CACC、ACC）、車線維持支援制御装置（LKA）、ドライバー異常時対応システム（EDSS）など。

を導入する物流事業者においては、隊列運用ルールの確立とビジネスとして成立するための仕組みづくりを検討する必要があります。

隊列走行のステップと技術の進展

● ステップ1〜3で段階的に導入

Step 1
ドライバーが常時介入
できる状況下での
（SAEレベル2まで）
有人隊列走行

Step 2
後続車の
ドライバーは
走行中リラックス
可能

Step 3
完全自動運転
トラック
後続無人隊列走行

● レベル1〜4の進展内容

Level 1　ACC、LKA、EDSS等の安全支援装置の単独支援

Level 2
（先頭は有人）

CACC＋安全支援装置（LKA、EDSS等）によるシステム支援・追随走行（後続有人隊列〈導入型〉）
- 同一車線上定速走行時は先頭車への追随走行可
- 車間距離はCACCおよびACCにより自動調整
- 周辺監視・車線変更は各車ドライバー

導入型

導入型に対し自動車線変更機能追加（後続有人隊列〈発展型〉）
- 周辺監視・車線変更もシステムが対応（先頭車ドライバーの指示・監視による）
- 車間距離はCACCおよびACCにより自動調整
- 緊急時は各車のドライバーにテイクオーバーされる

発展型

後続車は電子的に牽引され、隊列は一群とみなされる（隊列走行実証事業での開発のシステム）
（電子牽引による後続無人隊列）
- 周辺監視・車線変更もシステム
- 車間距離は一定とし自動調整はされない
- 電子牽引欠落時および緊急時は保安ブレーキ作動本線停止または路肩退避

電子牽引

Level 3
Level 4

準自動または自動運転による単独自律走行車が追随走行
（完全自動運転/後続無人隊列）
- 隊列走行は燃費・道路利用率の向上走行主体

第12章　近未来のロジスティクス

261

12-4
ドローンによる物流イノベーション

「空の産業革命」とも呼ばれる小型の無人航空機ドローン。その実用化については、2022年度より航空法の改正によりレベル4*の実現が予定され、物流をはじめとする社会インフラへの導入がより現実的なものとなってきました。

▶ 官民で進むドローンの実証実験

物流業界が抱える人手不足や長時間労働等の問題に関連し、もう1つの課題となるのが、離島や山間部といった物流需要の少ない地域における物流ネットワークの維持です。さらに、高齢化の進展で自動車免許を返納する高齢者が増えてくると、いわゆる「買い物難民」「買い物弱者」と呼ばれる人たちの増加も懸念されています。

こうした問題の解決に有効とされているのが**ドローン**を活用した空の輸送です。国は、ドローン技術の実用化を経済活性化のための国家戦略と位置づけ、2014年度よりドローンの実証実験に取り組む自治体を「ドローン特区」と認定しました。有名なところでは、**日本郵便**が福島県南相馬市で、日本初のレベル3（無人地帯での補助者なし目視外）による郵便局間輸送を実施しました。また愛媛県今治市は、ドローンを使って医薬品を離島に配送する実証実験を行い、GPSによる国内初の個人宅配送に成功しました。

一方、物流関連の企業では、**楽天**の「楽天ドローン」があります。都市部超高層マンションへのオンデマンド配送、長野県白馬村での山岳物資配送のほか、さまざまなサービスを展開しています。物流会社のセイノーホールディングスでも、ドローンを使った**サプライチェーン**の仕組みである「SkyHub」の開発に取り組んでおり、**ロボティクス**による**ラストワンマイル**の充実を積極的に進めています。

なお、ドローンに関しては「空」のみならず、「陸のドローン」の開発も注目されます。これは地上を走行する自動配送ロボットで、楽天の「ロボットデリバリー」、**ヤマト運輸**の「ロボネコヤマト」などの実証実験がその代表例です。このようなドローンロボットの実用化に向けた事例により、物流の問題解決とイノベーションの進展が大きく期待されています。

＊ **レベル4**　有人地帯（都内・住宅街等）での目視外飛行。

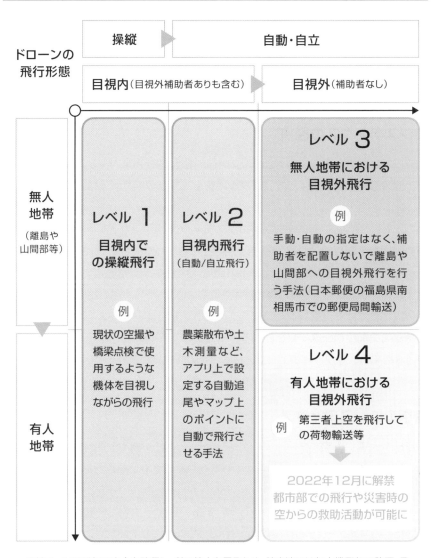

無人航空機（ドローン）飛行の環境整備

ドローンの飛行形態

| 操縦 | 自動・自立 |

| 目視内（目視外補助者ありも含む） | 目視外（補助者なし） |

無人地帯（離島や山間部等）

レベル 1
目視内での操縦飛行

例

現状の空撮や橋梁点検で使用するような機体を目視しながらの飛行

レベル 2
目視内飛行（自動/自立飛行）

例

農薬散布や土木測量など、アプリ上で設定する自動追尾やマップ上のポイントに自動で飛行させる手法

レベル 3
無人地帯における目視外飛行

例

手動・自動の指定はなく、補助者を配置しないで離島や山間部への目視外飛行を行う手法（日本郵便の福島県南相馬市での郵便局間輸送）

有人地帯

レベル 4
有人地帯における目視外飛行

例 第三者上空を飛行しての荷物輸送等

2022年12月に解禁
都市部での飛行や災害時の空からの救助活動が可能に

※ドローンの飛行の安全を確保し、利用拡大を図るため、航空法では無人機飛行の許可・承認制度（2015年改正）、登録制度（2020年）など、段階的に環境整備を進めてきた。そして2021年6月4日には、2022年度にレベル4を実現させるために必要な航空法の改正案が国会で可決された。

12-5
有事のサプライチェーン

有事のサプライチェーンとは、リスクヘッジを念頭に置いた「2つ以上のサプライチェーンルートを確保しておくこと」です。コスト至上主義のサプライチェーンでは、有事の際に裏目になることも多くあります。

▶ ロジスティクスの原点

東日本大震災、新型コロナウイルスの感染拡大（COVID-19）、ロシアのウクライナ侵攻などの有事によって、**サプライチェーン**が分断されるほどの影響が及びました。

もともと「兵站」の意味をもつ**ロジスティクス**は、①生活関連物資、②医療関連物資、③戦闘兵器・武器、④兵隊の順に供給されるスキームです。それにもかかわらず、真の有事の際にこれが機能しなかったのは皮肉な話であり、ロジスティクスの本質が活かされなかったと言えるでしょう。

外資企業では物流センターの建設にあたってもロジスティクスを実践しており、店舗出店の前にロジスティクスセンターを設けて今後の出店増に備えます。これが日本の場合、サプライチェーンに日本固有の卸売業が存在していますので、彼らが一定の規模の物流の機能を担います。

▶ 有事のロジスティクス

東日本大震災の際、サプライチェーンの分断により物流が機能せず、被災地である東北、北関東周辺エリアに多くの物資を供給できない事態となりました。ところが、そうした危機に直面した状況にありながらも、サプライチェーンを機能させた北海道の食品メーカーがありました。チルド品など、常に本州への供給に備えていたこの食品メーカーは、通常ルートの太平洋ルートを断念し、緊急用として以前から備えていた日本海ルートに切り替えることで、1都6県のみならず関西2府4県にまで及ぶ商品供給を実現させました。

このように有事を想定したサプライチェーンでは、2つ以上の強固な調達・供給ルートを構築しておくことが肝要です。

有事に備えた食品メーカーのロジスティクス

緊急時ルート
（日本海ルート）

従来ルート
（太平洋ルート）

震災発生！

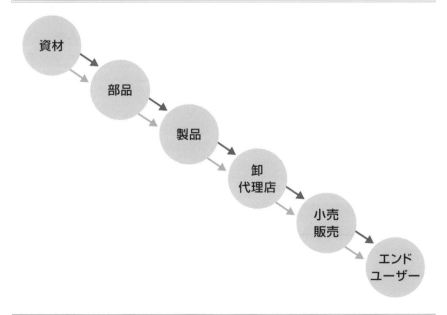

サプライチェーンに必要なダブルルート

資材

部品

製品

卸
代理店

小売
販売

エンド
ユーザー

12-6
ラストワンマイルの進化

「ラストワンマイル」という言葉をよく耳にします。これは単なる距離的な意味ではなく、店舗からお客様、配送センターからお客様宅のように、「お客様に物やサービスが到達する物流の最後の接点」のことを指します。

▶ ラストワンマイル市場を誰が制する

EC市場の急速な成長とともに、**アマゾン**、**楽天**、ヤフーショッピングなどが提供するもサービスもさらなる進化を遂げるでしょう。お客様が注文した商品の宅配にあたっては、**ヤマト運輸**、**佐川急便**、**日本郵便**等の大手3社に加え、軽トラックで商品を運ぶ自営業者などが**ラストワンマイル**を担っています。しかも大手通販会社では商品の販売のみならず、不用品回収や発送代行などのサービスを次々と展開しているため、宅配各社はその対応に追われている状況です。

EC市場拡大のなかで、**ネットスーパー**の躍進も目を見張るものがあります。店舗で購入した商品を消費者宅まで届ける宅配サービスは、スーパーのみならずコンビニ、ホームセンター、酒ディスカウンターでも積極的に進めています。

また飲食店でもウーバーイーツや出前館を活用しているように、お客様との接点であるラストワンマイルへの対応が1つの市場として大きな期待を集めています。

▶ 大きく変貌する生活様式

宅配会社では、**ドライバー不足**や業務の効率化の観点から再配達の削減が大きな課題でした。コロナ禍での在宅勤務の拡大で在宅率が高くなったと言われますが、出勤日が設定されている企業も多いため、実際には在宅のパターンが複雑化しています。

こうした生活様式の変化にあわせ、ラストワンマイルの取り組みも進化しています。コンビニ受け取り、集合住宅の宅配BOX、駅に設置された宅配ロッカーなど、受け取り方法も多岐に拡がりました。アマゾンやヤマト運輸のEAZYなどの「**置き配**」も定着してきました。

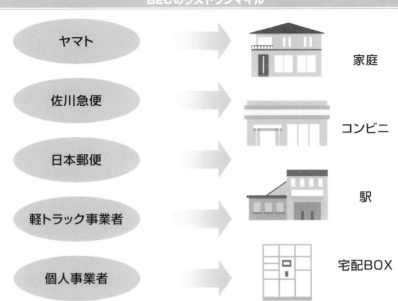

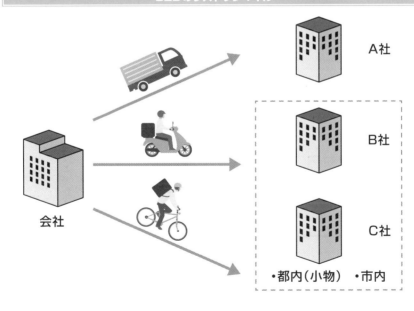

12-7
環境ロジスティクス

温室効果ガスの削減を求めた2005年の京都議定書の発効により、物流・ロジスティクス活動についても「環境報告書」等を通じた改善が定められました。これに対応した取り組みが「環境ロジスティクス」です。

▶ トラック輸送における環境対応

環境ロジスティクスは、環境負荷の少ない活動に切り替えることだけではなく、製品回収、使用資源の減量、リサイクル、素材の再利用、環境負荷の小さい素材への切り替え、廃棄物の処理、再生等の活動に積極的に関与し、循環型社会の形成に寄与することが大きな狙いとなります。

トラック輸送事業者による環境ロジスティクスとして筆頭にあげられるのが、省エネ運転の取り組みです。これは燃料コストと**CO_2排出量削減**という一石二鳥の効果を生みます。ただし、軽油燃料を使用するディーゼルエンジン車は環境負荷が比較的高く、その運用に対し世界的にもネガティブな見方が主流となっているため、最近は**CNG車**や**HEV車**を積極的に導入する企業も多く見られます。

また、新しいところでは電気モーターのみを駆動源とする**EV車**が注目されていますが、大型トラックの分野ではまだ開発途上のため、大量輸送や長距離輸送を必要としない軽トラック型のEV車から導入が進むものと思われます。さらに、船舶やJR貨物を利用した**モーダルシフト**も環境に優しい輸送手段として高く評価されています。

▶ その他の環境対応

その他の環境対応では、**パレット**上の商品を固定する際に多く使われているストレッチフィルムは石油製品であることから、より環境にやさしい紙製の緩衝紙に切り替えるケースがあります。

またよく使われるプラスチックパレットが廃材となった場合、回収しリサイクルしている会社も多く見られます。これらの取り組みは環境負荷軽減に充分とは言えませんが、社会全体の小さな努力の積み重ねが大切と言えます。

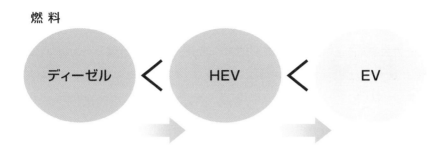

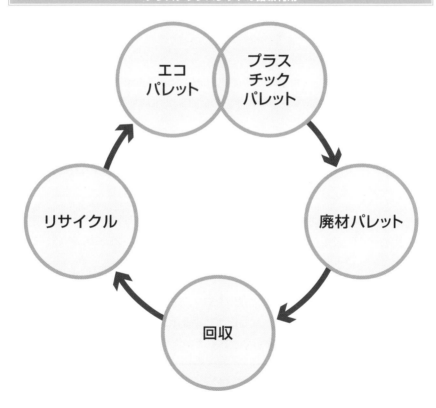

12-8
働き方改革（2024年問題）

働き方改革関連法の適用による「2024年問題」は、物流企業だけの問題ではありません。荷主企業にとっても深刻な問題であり、物流企業との間でさまざまな対応策が検討されています。

▶ 荷主企業の対応

①手積み・手降ろしの改善

バラ積みを**パレット**積みに替えて、荷積み・荷降ろし時間の短縮ならびにドライバーの負荷軽減を図ります。輸送物の特性上どうしても手荷役に頼らざるを得ない場合は、別途作業料金の支払いを検討する必要があります。

②車両待機時間を短縮する

車両の待機時間が2〜4時間に及ぶ場合、発荷主には割増運賃が要求されることがあります。車両待機時間を短縮するために**バース予約システム**を導入する企業も増えてきました。

③受注締め切り時間の前倒し

ドライバーはいままでのように残業ができなくなるため、路線会社の集荷時間の前倒しが進み、受注締め切り時間もドライバーの制約にあわせる必要があります。

▶ 運輸・物流企業の対応

①中継輸送

長距離の幹線輸送では、複数のドライバーがリレーをする**中継輸送**が有効です。共同中継センターの設置もしくは既存のトラックターミナルを活用することで、コストの抑制とともに帰り荷を確保することができます。また中継輸送では、スワップボデイコンテナ車両※の導入も有効とされています。

②車両の大型化

輸送の効率化のため幹線輸送では1車両当たりの輸送量を増やすことが求められます。増トン車からセミトレーラー、フルトレーラーにシフトすれば、輸送量アップと同時にドライバーの収入を維持できます。

※**スワップボデイコンテナ車両**　トラックの車体と荷台（コンテナ部）を分離することができる車両。荷役作業からドライバーを解放することで、労働時間を大幅に短縮することができる。

③24時間稼働

　物流企業も工場のような装置産業と同様、3交代制の導入による24時間稼働で稼働率の向上を検討する必要があります。ただし、いかにして人材を確保するから大きな課題となります。

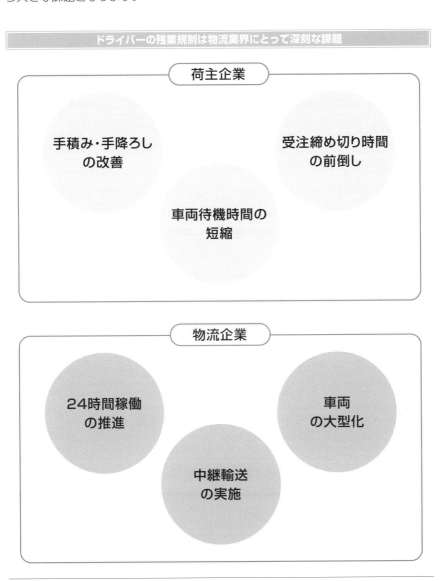

ドライバーの残業規制は物流業界にとって深刻な課題

荷主企業

手積み・手降ろしの改善

受注締め切り時間の前倒し

車両待機時間の短縮

物流企業

24時間稼働の推進

車両の大型化

中継輸送の実施

12-9
物流業界でのギグワーカーの活用

コロナ禍での出前や宅配需要の急増により、街中でウーバーイーツの姿を見かけるようになりました。ロボティクスが困難な中小企業の物流現場では、スマートフォンを通じて単発の仕事を請け負うギグワーカーの活用が注目されています。

▶ ロボティクスとギグワーカー活用の二極化が進む

大型物流センターでは、**ロボティクス**による自動化・省人化が急速に進んでいます。方や、自社物流を行う中小メーカーや卸売業では、依然と人手に依存した状況にあります。中小事業者でロボティクスが進まない理由は、多額の設備投資が必要なことに加え、日々取り扱う物量についても、膨大かつ定常的なものでなければ、十分な費用対効果が得られないからです。しかし、労働人口の減少が深刻となった現在、十分な人員確保も困難な状況となっています。

そこで注目されているのが、ごく限られた時間に単発の仕事を受けて収入を得る**ギグワーカー**の存在です。スキマバイトアプリ「タイミー」を提供するスタートアップ企業のタイミーでは、コロナ禍での物流需要増に対応し、空き時間を利用して荷物を配達するシェアリング型宅配サービス「スキマ便」をはじめ、物流倉庫の軽作業など、物流業界の人材確保に有効なマッチングサービスに力を入れています。

以上の動向から、大手企業の大規模物流センターではロボティクス化が進む一方、中小企業の物流現場ではギグワーカーという新たな人材が期待されています。

▶ ギグワーカーの半数以上が物流倉庫の軽作業に注目

2020年12月時点でのタイミーのワーカー登録者数は、前年から約89万人増加し160万人を突破しました。登録ワーカーに対しタイミーが独自に行った調査※では、「やりたい／注目している仕事」という設問が用意され、「物流倉庫での軽作業」をあげる回答が58.8%と最多の結果となりました。さらに全体の約40%から「働いた先の環境が良ければ、正規雇用での登用を希望する」との回答がありました。

また、全体の90%以上が高い利用継続意向を示していることから、今後はギグ

※……**独自に行った調査** 「ギグワークに関する2020年の実態と2021年の展望」

ワークという働き方の広がりが想定されると同時に、物流業界の人材確保において
ても大きな期待が寄せられています。

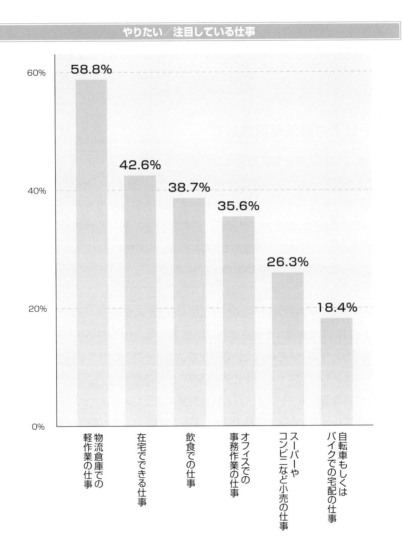

やりたい／注目している仕事

・調査期間：2020年12月11〜18日
・調査対象：有効回答数2,125件

12-10
JILSの「ロジスティクスコンセプト2030」

社会情勢ならびに市場環境の急速な変化が物流にも大きな影響を与えています。日本ロジスティクスシステム協会（JILS）が10年後の物流を示した「ロジスティクスコンセプト2030」*には、どのような未来が描かれているのでしょうか。

▶ ユートピアの実現を目ざして

JILSの「**ロジスティクスコンセプト2030**」では、未来のロジスティクスのあり方として「デジタルの活用でオープンなプラットフォームを構築し、産業と社会の全体最適化を実現する」と示されています。その推進条件となるのが、①物流事業者における適切なインフラ投資、②荷主企業における標準的な用語や思考にもとづく標準化の拡大、③高度なロジスティクス人材の3点であり、さらに実現に向けた以下7つの提言が盛り込まれています。

①俯瞰的かつトップダウンからのロジスティクスの再定義
②グローバル環境規制など外部環境の変化に対応した**サプライチェーン**の再構築
③個別のカスタマイズではなく、標準化によるオープンなプラットフォームの構築
④ユートピアのロジスティクスモデル構築のための標準化、投資、高度人材投入
⑤データ共有型プラットフォームの社会実装によるサスティナビリティ
⑥データエレメントや輸送容器のほか、広い領域を対象としたユートピアの準備
⑦ロジスティクスやサプライチェーンを最先端科学とし、これら分野を担う高度人材の教育・育成

▶ ロジスティクスのあり方を根本から変容

「**ロジスティクスコンセプト2030**」の狙いを端的に言えば、ロジティクスを再定義し、ロジスティクスおよび**サプライチェーン**のあり方を根本から変容していくこととらえることができます。JILSによれば、別表に示したように特に「廃棄物（Waste）」について、今後「返送（Return）」のプロセスに変換することが強

＊**ロジスティクスコンセプト2030**　2020年1月10日公表

く求められるとし、需給双方の汎産業的な同時・非連続の進化においてロジスティクスが重要な役割を担うと説明しています。

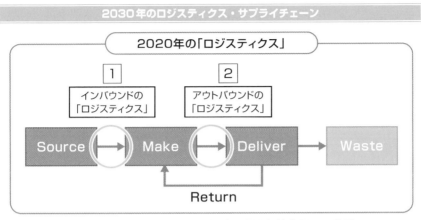

2030年のロジスティクス・サプライチェーン

2020年の「ロジスティクス」

1：供給業者から調達する資材、材料の製造工程や保管施設への移動
2：製品の製造が完了してから、出荷し顧客が受領するまで関連する全てのプロセス

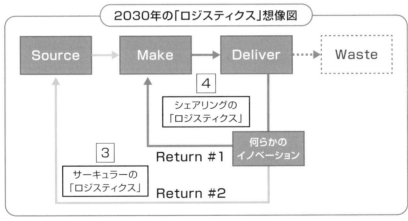

2030年の「ロジスティクス」想像図

3：本来の用途に即した価値の消尽した製品等を廃棄するのではなく、資源等として供給プロセスに再投入する循環型のSCモデル
4：一旦需要を充足し、かつ本来の用途に即した価値の消尽していない製品等を共有・再利用などの方法により供給プロセスに再投入する循環型のSCモデル

第12章　近未来のロジスティクス

索 引

INDEX

索
引

279

著者紹介

青木 正一（あおき しょういち）

1964年大阪府生まれ。京都産業大学経済学部卒。
学生時代に数々のベンチャービジネスを行い、卒業後、ドライバーとして大阪佐川急便入社。
1989年株式会社船井総合研究所入社。物流開発チーム・トラックチームチーフを経て、コンサルティングでは対応できない顧客からの要望を事業化するという主旨で1996年「荷主企業と物流企業の温度差をなくす物流バンク」をコンセプトに、物流新業態企業「株式会社日本ロジファクトリー」を大阪市中央区南船場にて設立。「現場改善実務コンサルティング」「物流専門人材紹介（ロジキャリアバンク）」「物流情報システム構築サポート（ロジシステムデザイン）」を行う。また、物流業界におけるコンサルタントの養成、人材の採用、育成、M&A等のプロデュース業務も手がける。26年間で対応した物流コンサルティングの企業数は817社。

荒木 芳一（あらき よしかず）

ロジスティクス・コミュニケーション・センター　代表
1963年福岡県北九州市生まれ。大学院文学研究科史学専攻修士課程修了。
1989年新聞社に入社。エネルギーおよび半導体製造技術分野を担当。1993年工業技術系出版社に入社し物流・流通専門誌の編集長を務める。
2007年ロジスティクス・コミュニケーション・センター設立。
物流センターおよびトラック輸送分野の取材・執筆、物流現場の改善コンサルティングサービスを主な業務とし、各種メディアへの寄稿多数。

図解入門ビジネス 最新
物流の基本と仕組みがよ〜くわかる本

発行日	2023年 7月21日　　　　　第1版第1刷

著　者　青木 正一／荒木 芳一

発行者　斉藤 和邦
発行所　株式会社　秀和システム
　　　　〒135-0016
　　　　東京都江東区東陽2-4-2　新宮ビル2F
　　　　Tel 03-6264-3105（販売）Fax 03-6264-3094
印刷所　三松堂印刷株式会社　　　　　Printed in Japan

ISBN978-4-7980-6995-1 C2034